JORGE MARTÍN MONTOYA CAMACHO
JOSÉ MANUEL GIMÉNEZ AMAYA

VULNERABILIDAD, VIRTUD Y CUIDADO

EDICIONES UNIVERSIDAD DE NAVARRA, S.A.
PAMPLONA

Serie: Antropología y Ética

Cupón para la Biblioteca Virtual

Accede a la versión eBook de este título por solo **1,99 €**. Con la compra de este libro puedes utilizar el siguiente cupón para la lectura en *streaming** desde la Biblioteca Virtual. **Sigue estas instrucciones** para visualizar tu libro:

1. Diríjete a la web de la Biblioteca Virtual en **https://ebooks.eunsa.es**.

2. En la web ve a **Iniciar sesión** e introduce tu email y contraseña. Si no estás registrado, deberás completar el proceso en **Registrarse**.

3. Tras registrarte, accede a la página del libro o lee el QR de esta página. Bajo el precio podrás **insertar el código oculto en el siguiente cupón** para activar la promoción.

Despegue para visualizar

Acceso directo al eBook

Canjéalo en ebooks.eunsa.es

*Con acceso a internet desde cualquier navegador.

© 2026. Jorge Martín Montoya Camacho y José Manuel Giménez Amaya
Ediciones Universidad de Navarra, S.A. (EUNSA)
Campus Universitario • Universidad de Navarra • 31009 Pamplona • España
+34 948 25 68 50 • www.eunsa.es • eunsa@eunsa.es

ISBN: 978-84-313-4093-3
DL NA 13-2026

Fotografía cubierta
La visita de la madre al hospital de Enrique Peternina García-Cid (1892)

Printed in Spain — Impreso en España por Podiprint

Al profesor Alasdair MacIntyre
(1929-2025)

Índice

Prólogo

En un mundo cada vez más individualista y marcado por la ilusión de autosuficiencia, resulta casi provocador recordar que nuestra esencia humana se forja precisamente en nuestra fragilidad compartida. Este libro, *Vulnerabilidad, virtud y cuidado*, se alza como un recordatorio necesario, incluso urgente, de aquello que muchos hemos olvidado: que somos seres vulnerables, limitados, necesitados unos de otros para vivir una vida digna y plena. Escrito de una manera clara y profunda, el texto es riguroso y, sobre todo, transformador. La lectura fluye con naturalidad, pero a cada paso invita a la reflexión, el examen personal y el compromiso con los demás.

Desde las primeras páginas, los autores entienden la vulnerabilidad no como un defecto que conviene disimular o superar, sino como un rasgo esencial de nuestra condición. Reconocerla es reconocer nuestra pequeñez, pero también nuestra grandeza, porque en esa consciencia nace la oportunidad de la virtud y el cuidado. De ahí que el dolor y el sufrimiento que brotan de nuestra frágil condición humana no son presentados como realidades a rechazar de manera inmediata; muy al contrario, se conciben como dimensiones ineludibles de la existencia que, bien comprendidas y gestionadas, pueden enriquecer nuestra vida personal.

Este planteamiento se enmarca en lo que podríamos llamar una «antropología de la vulnerabilidad», que propone un camino hacia la realización plena del ser humano. En este sentido, la reflexión de Alasdair MacIntyre sobre la *justa generosidad* resulta especialmente iluminadora: ese «dar sin reservas y recibir con dignidad» (tal como la entiende el filósofo escocés) fundamenta nuestra vida ética que no se entiende si no asumimos que somos constitutivamente dependientes y que, como tal, cada persona tiene la responsabilidad de devolver lo recibido a través de un compromiso activo con los demás. En última instancia, esta justa generosidad nos recuerda que la indefensión humana solo cobra sentido pleno cuando se vive en relación con los otros, afirmando así el carácter intrínsecamente relacional de nuestra existencia y consolidando una visión antropológica y social de nuestra fragilidad.

Un planteamiento muy pertinente en estos tiempos en los que hemos materializado, individualizado y «egocentrado» tanto nuestra vida que hemos olvidado nuestra condición limitada; nos hemos olvidado de que somos humanos. Precisamente este libro es un recordatorio optimista y profundamente conmovedor de ese olvido, pues a lo largo de sus páginas los autores nos muestran con claridad cómo solo al tomar conciencia y gestionar adecuadamente nuestra pequeñez —propia y ajena— podemos convertirnos en mejores personas y favorecer una sociedad más justa. Asumir que necesitamos a los demás no nos empobrece; al contrario, nos libera de la tiranía del individualismo y nos dispone para la solidaridad auténtica. La vulnerabilidad comprendida en clave de virtud que necesariamente desemboca en el compromiso solidario.

Y es precisamente ese compromiso el que representa la grandeza de los cuidados paliativos, presentados aquí como paradigma del cuidado humano. En el acompañamiento al final de la vida, la fragilidad se acoge sin miedo y se convierte en un espacio de crecimiento para el paciente, la familia y el profesional de la salud. Y no solo se alivia el dolor y los síntomas físicos, sino que se acompaña en el sentido más profundo del término: *ad companiam* del latín tardío *cum panis*, compartir el pan. Y ese compartir, cuando es genuino nos previene de la anorexia de vida que es la soledad.

Este libro me ha tocado profundamente, tanto a nivel personal como profesional. Personalmente, me ha recordado que mi propia exposición al sufrimiento no es una debilidad que deba ocultar, sino un lugar donde puedo encontrar mi verdadera humanidad. Me invita a abrazar mis límites con humildad y a reconocer que solo cuando acepto mi necesidad de los demás puedo abrirme a la ternura, a la gratitud y a la generosidad. Profesionalmente, ha renovado y reforzado mi compromiso con los cuidados paliativos como espacio sagrado donde la finitud humana se transforma en una oportunidad de encuentro auténtico. Me ha recordado que compartir el camino y sostener la esperanza es un privilegio que puede ayudar a ahuyentar la soledad y alimentar el deseo de seguir viviendo con dignidad. Porque en ese acompañamiento se revela la grandeza del cuidado humano.

Finalmente, me llevo un recordatorio luminoso: solo cuando nos atrevemos a mirar de frente nuestra propia vulnerabilidad y la de los demás podemos construir una vida más plena y una sociedad más justa. Porque, en el fondo, nuestra grandeza no se mide por la fuerza con la que pretendemos sostenernos solos, sino por la generosidad con la que elegimos sostenernos mutuamente.

Leire Arbea

Especialista en Oncología Radioterápica
Consultora Clínica en Medicina Paliativa
Clínica Universidad de Navarra

1

Introducción

Nos encontramos situados [...] dentro de una red de relaciones
de dar y recibir en la que, de manera general y característica,
saber qué y hasta qué punto podemos dar depende en parte de
conocer qué y hasta dónde hemos recibido.

Alasdair MacIntyre,
Dependant rational animals:
why human beings need the virtues, 1999, p. 99[1].

La vulnerabilidad es un tema que está adqui-
riendo una relevancia exponencial en el mundo
en que vivimos. Es claro que nos encontramos
expuestos, de modo constante, a situaciones de
lucha, de culpa, de incertidumbre ante el destino,
de encaramiento ante el sufrimiento y la muerte;

---

1. Traducción de los autores. Lo mismo hacemos a lo
largo del libro con otros textos originales en inglés.

nos afanamos continuamente en controlar lo que pensamos que debe ser nuestro futuro. Por otra parte, todo ser humano percibe las deficiencias de su propia corporalidad y del paso del tiempo sobre ella. En este contexto, la experiencia de la vulnerabilidad, propia y ajena, y la necesidad consecuente de la atención y del cuidado que esta lleva consigo, se muestran claramente paradójicas con el anhelo de controlar el paso de nuestra vida que todos tenemos.

Para adentrarnos en ese bosque complejo de la vulnerabilidad hemos encontrado un autor especialmente inspirador que nos ha servido de guía: Alasdair MacIntyre. Este filósofo moral británico se hizo famoso cuando publicó su conocido libro *After Virtue: a study of moral theory* (1981), que fue traducido al castellano en 1987 con el título de *Tras la virtud*.

Esta obra, y otras posteriores, especialmente la que publicó a finales de los años 90 del siglo pasado, con el título de *Dependent rational animals: why human beings need the virtues*, traducida al castellano, en el año 2001, como *Animales racionales y dependientes: por qué los seres humanos necesitamos las virtudes*, nos han aportado las ideas fundamentales para escribir el libro *Corporalidad, tecnología y deseo de salvación: apuntes para una antropología de la vulnerabilidad*, publicado en la editorial Dykinson, en el mes de marzo de 2024. El mensaje central de este último texto se puede resumir diciendo que la fragilidad del ser humano —su vulnerabilidad— es un elemento esencial para su desarrollo psicobiológico y, por tanto, también para su actuar ético o moral. En definitiva, nuestra investigación sobre la fragilidad humana se hace con la finalidad de fundamentar una verdadera antropología de la vulnerabilidad.

Toda nuestra propuesta es, por ello, finalista o teleológica. Con esto queremos decir que partiendo de nuestra fragilidad podemos alcanzar una mayor profundidad en la comprensión de la existencia del ser humano en el mundo. Esto no quiere decir que se llegue a los fundamentos del sentido espiritual del hombre desde el estudio de la condición biológica del ser humano, sino que, desde la idea de la unidad humana de materia y espíritu (antropología filosófica), es posible indagar en los elementos corporales —también los falibles— que hacen posible las manifestaciones de la racionalidad y de la libertad del ser humano y, por tanto, de su expresión en el ámbito del hacer ético o moral.

Desde este planteamiento, podríamos preguntarnos: ¿cuál es el papel central de la vulne-

rabilidad en la forja de una vida humana plena
de sentido? Para contestar adecuadamente a esta
cuestión, pensamos que es necesario incorporar
dicha fragilidad como un elemento esencial de
la reflexión personal y social sobre quién es el ser
humano y cómo conduce su vida.

La razón última de ello es que dicha vulnerabilidad no puede ser separada de los fines de su
existencia. Así, una vez que el ser humano descu-
bre, de modo natural, el sentido de la fragilidad
propia y ajena, este es capaz de abrirse al desarrollo
de una serie de virtudes. Como resultado, este cultivo de la virtud nos permite llegar a una vida humana lograda. No es el camino más fácil, pero sí el
más directo para una existencia plena de sentido.

La antropología finalista que proponemos
para el estudio de la vulnerabilidad se distingue de otras alternativas que llevan al fenómeno moral denominado *emotivismo*. Entendemos
esto último como el encubrimiento de los fines
naturales de la vida del ser humano que arrojan
luz para su actuar moral. Este encubrimiento es
emocional, de tal modo que el valor moral de las
acciones queda ligado de una manera unívoca a
las emociones suscitadas en nosotros.

En última instancia, tales planteamientos
terminan por decantar en un individualismo,

en el que predomina el carácter funcional de los elementos culturales comunitarios, como por ejemplo la visión de la tecnología como «medio para obtener fines». Asimismo, estos elementos culturales comunitarios ven disminuido su valor real hasta convertirse en meros instrumentos para alcanzar un estado emocional placentero. De este modo, se oscurece la bondad que posee la dimensión material de la vida y el valor positivo que encarna la vulnerabilidad de la corporalidad humana vivida en un entorno social.

En consecuencia, la visión del emotivismo sobre esta vulnerabilidad humana podría pasar por alto el inmenso valor que supone el ofrecimiento personal de la propia vida como servicio al prójimo, es decir, como donación decidida y perseverante de uno mismo cuando nos encontramos frente a la condición de necesidad y de dependencia de los demás. Por esto, en el marco de la vulnerabilidad humana, nos parece decisivo reflexionar sobre los fines de la propia vida, y cómo estos se integran en las diversas narrativas vitales de quienes comparten nuestro vivir en el seno de una tradición existencial. Todo ello ofrece una fecundidad de amplio recorrido para el desarrollo de virtudes sociales como la generosidad y la misericordia.

Por esto, hemos señalado en nuestro libro *Corporalidad, tecnología y deseo de salvación: apuntes para una antropología de la vulnerabilidad*, que el ser humano virtuoso es aquel que es capaz de incorporar en su juicio moral, tanto su propia vulnerabilidad como la que está presente en los otros. De este modo, la *contingencia* de la psicobiología del ser humano no es un simple elemento añadido de forma extrínseca a la virtud moral, sino una condición indispensable para que ésta última se desarrolle adecuadamente en la totalidad de la persona. Así, nuestro estudio de la vulnerabilidad se concentra especialmente en la corporalidad del ser humano y en el inherente vínculo que ésta tiene con nuestros comportamientos éticos. No pretendemos agotar este tema, sino establecer un punto de partida antropológico en el que se va a desarrollar su actuar moral.

Al final de todo este recorrido nos encontraremos, a la postre, con la reflexión sobre el deseo humano de salvación. Desde la perspectiva cristiana, la respuesta definitiva a esta propuesta se ofrece en la Revelación que estudia la teología. Sin embargo, desde la filosofía, dicho deseo de salvación del ser humano puede ser considerado como un anhelo de trascendencia inherente a su naturaleza racional, que presenta un índole corporal y espiritual, ya que busca en su existencia lo que está más allá de la manifestación biológica de una vida vulnerable.

El ser humano se ve necesitado de ser salvado por medio de la conciencia de su dependencia de los demás, es decir, por la experiencia unitaria de que su vulnerabilidad psicobiológica se integra también con su condición de ser social y religioso. Queda así establecida la natural apertura humana a la salvación obrada por un Dios bueno y omnipotente, capaz de enseñarnos el profundo significado de la vulnerabilidad desde nuestra propia corporalidad (Montoya Camacho 2025).

El contenido del texto que presentamos se ordena de la siguiente manera. En primer lugar, tratamos del concepto de *vulnerabilidad* como algo muy sobresaliente en la sociedad moderna, en la que la fragilidad tiende a valorarse y protegerse. A continuación, intentamos establecer los principios antropológicos de la vulnerabilidad humana siguiendo el desarrollo del pensamiento de Alasdair MacIntyre. A partir de ello buscaremos establecer los patrones éticos de esta antropología de la vulnerabilidad. Todo ello nos lleva a desarrollar el concepto de *justa generosidad* como esquema vertebral de un ser humano logrado. In-

cluimos, finalmente, un epílogo que resume las
principales ideas del libro, y un glosario que ayuda a entender los términos técnicos utilizados,
con una bibliografía general sobre el tema.

2

El descubrimiento de la vulnerabilidad

La experiencia de la vulnerabilidad del ser humano ha sido un tema puesto encima de la mesa en las discusiones filosóficas, sociales y políticas a lo largo de todo el siglo XX, y de los primeros decenios del siglo XXI. En la base de este proceso está el desarrollo de las corrientes de pensamiento fenomenológicas y existencialistas que se han ido desarrollando a lo largo del último siglo.

La experiencia sufrida por la crueldad humana desarrollada durante las dos guerras mundiales, a lo que hay que sumar el aumento de las expectativas de vida y de una mejor calidad humana ligada con un desarrollo y perfeccionamiento de la tecnología —especialmente de aplicación biomédica—, han puesto de manifiesto que el ser humano vulnerable puede considerarse una carga o, al mismo tiempo, alguien con el que podemos desarrollar una vida humana más plena.

Entre los pensadores existencialistas que han dado más importancia a esta situación frágil de nuestra condición humana está el psiquiatra y filósofo alemán Karl Jaspers. Dicho de forma muy concisa, en él tiene mucha importancia el concepto existencial humano de *situación*, que es donde se experimenta lo que él ha denominado como *situaciones límite*. De una manera muy general, esas *situaciones límite* se encuadran en la idea de sufrimiento que permea todo el existir del ser humano, desde su concepción hasta la muerte, y que se concretan en las «*situaciones límite individuales*». Para Jaspers estas últimas serían: la lucha, la muerte, el azar y la culpa.

Sin embargo, nuestras consideraciones, aunque teniendo el marco de referencia de las ideas de Jaspers, se van a basar, en este texto, en los estudios antropológicos y éticos que ha hecho el filósofo británico Alasdair MacIntyre (1929). En el año 1981, este pensador anglosajón, como ya se indicó anteriormente, escribe una obra que está destinada a tener mucha importancia en la historia de la reflexión ética de los últimos cincuenta años, titulada *Tras la virtud*. Este texto es una crítica verdaderamente sustancial y paradigmática a la ética desarrollada en la modernidad, especialmente en su vertiente angloamericana (Giménez Amaya, Montoya Camacho y Villanueva Cruz 2026).

La tesis principal que destaca este autor es la vuelta a la ética de la virtud expuesta por Aristóteles, pero proyectándola en el futuro. MacIntyre, tras un largo itinerario de búsqueda en la filosofía analítica, en el marxismo y en el psicoanálisis, ofrece una perspectiva perspicaz de todo lo que ha ido mal en la ética de los últimos siglos; y señala también la alternativa para reconducir este desarrollo moral de la modernidad. Se trata, por tanto, de una versión actualizada de Aristóteles y de su ética de la virtud en la modernidad tardía que se articula en tres conceptos fundamentales que describe con detenimiento: las prácticas, la narración y la tradición.

Prácticas, narración y tradición

MacIntyre entiende por *práctica* aquellas actividades humanas cooperativas, que poseen bienes internos a ellas mismas, y que se alcanzan en la medida en que se tienen las virtudes necesarias (Rivas 2022, 115-125). A su vez, la participación en las prácticas supone, de suyo, una escuela de virtud, ya que, para acceder a los bienes internos, esta virtud no tiene que estar culminada. Conviene notar, asimismo, que la excelencia en una determinada práctica no depende de lo que establezca el sujeto; además de los bienes internos, también juegan un papel importante lo establecido por la autoridad y los modelos que encarnan la excelencia. Las prácticas, de este modo, poseen elementos que marcan un contraste con el esquema conceptual de la moral moderna, basado en la exaltación de la noción de individuo y donde el bien común brilla por su ausencia.

Según MacIntyre, la estructura moral de las prácticas se comprende adecuadamente desde la filosofía de Aristóteles, porque esta, a diferencia de la ética de la modernidad, posee los recursos conceptuales para dar cuenta del funcionamiento de las mismas. Así, Aristóteles parte de una concepción del bien común, que sirve de fundamento para la clase de acciones que suponen las prácticas: «actividades humanas cooperativas». Además, el Estagirita desarrolla la noción de «fin» o *telos*, que ayuda a comprender la clase de bienes a los que se dirigen las prácticas, «los bienes internos», y que solo se pueden alcanzar si se tienen las virtudes necesarias.

En la propuesta del pensador británico, junto con la noción de práctica aparecen los conceptos de *narración* y *tradición*. La unidad narrativa de la vida humana, que incluye la participación en varias prácticas con diferentes bienes internos no se convierte para el sujeto en causa de fragmentación o de división interior y evita que su vida esté «compartimentada». Lo que permite dar unidad narrativa a la vida del ser humano es la jerarquización de los bienes y el reconocimiento de un *telos*. Para esto, MacIntyre insiste en la importancia de la deliberación racional (este argumento toma fuerza en su obra posterior *Animales racionales y dependientes: por qué los seres humanos necesitamos las virtudes*, y es central en su último libro *Ética en los Conflictos de la Modernidad*). Además, esa deliberación debe ser compartida en el contexto de las distintas narrativas que tienen los individuos de una sociedad. Por eso, no existen vidas logradas sin esa deliberación compartida. En definitiva, esta última ayuda a la comunidad a discernir cómo se concibe narrativamente una vida lograda, cómo se jerarquizan los bienes y cómo se priorizan las prácticas.

Por lo tanto, es uno de los grandes méritos de MacIntyre advertir que ni las prácticas ni las narraciones que constituyen la vida de cada individuo son elementos aislados, ajenos a la vida de la comunidad. Y esto nos lleva a enunciar el tercer elemento fundamental de su ética de la virtud: el sentido de *tradición*. Efectivamente, con este último concepto, el filósofo anglosajón hace referencia al contexto social e histórico que abarca a las prácticas y a las narraciones de cada uno de los seres humanos. En contra del postulado ilustrado de una razón impersonal y abstracta que intenta ofrecer un fundamento universal de la moral, MacIntyre muestra que la razón práctica se nutre verdaderamente de tradiciones, de una historia compartida, de formas de experiencia cambiantes. Dentro de una tradición específica, la búsqueda de los bienes avanza a lo largo de generaciones en un contexto definido por esa tradición, donde aparece un ensamblaje de prácticas y narraciones particulares. En definitiva, si no se tiene en cuenta la tradición, entonces no se comprenden adecuadamente las prácticas, las narraciones y, en definitiva, la vida moral.

Expresivismo, Moralidad y orden dominante

Todo esto nos lleva a decir que, *Tras la virtud* es un libro que ha abierto en el ámbito de la ética filosófica una nueva aproximación crítica a la moral moderna. Así, MacIntyre fundamentado en esta clara inspiración aristotélica, presenta los motivos por los cuales rechaza las propuestas de la filosofía moral moderna (lo que él denomina el *expresivismo*, la *Moralidad* y el *orden dominante*) (Madigan 2025, 71-77).

Por *expresivismo* entiende nuestro autor una versión actualizada del denominado emotivismo moral que tiene sus raíces en el filósofo empirista Hume. En el fondo viene a indicar que las convicciones éticas no son más que «expresiones» de compromisos éticos prerracionales —considerados esencialmente como emocionales o emotivos— que producen los hechos que juzgamos, y no, en cambio, la indagación racional práctica de su contenido de verdad. No hay que olvidar que Alasdair MacIntyre ha desarrollado su pensamiento aristotélico influido, previamente, por el positivismo lógico de Alfred J. Ayer, y por el emotivismo de Charles L. Stevenson. De ellos recibió la aproximación filosófica de una consideración exclusivamente empírica de la vida moral (Ayer), y de su corolario emotivo (Stevenson). Cuando él describe el *expresivismo*, en el fondo, está criticando una consideración moral del ser humano exclusivamente basada en datos empíricos o en valoraciones empíricas de corte emotivo.

Cuando habla de la *Moralidad*, MacIntyre entiende la ética distintiva de la modernidad, en la que se combina el kantismo o deontologismo, el utilitarismo teleológico y el contractualismo, y supone una clara distinción entre hecho y valor. Las personas que se mueven en esta *Moralidad* se enfrentan a conflictos que varían entre principios universales de la ética que deben aceptar sin excepciones (kantismo), la exigencia de proteger al máximo posible el bienestar humano (utilitarismo), y el intento de establecer una moral de acuerdos en la que todo sea posible (contractualismo).

Por *orden dominante*, nuestro autor quiere indicar la estructuración capitalista del mundo moderno, con todo lo que ello implica. En concreto, MacIntyre se refiere al conflicto entre capital y trabajo, a la sociedad del consumo desarrollada exponencialmente en el liberalismo moderno, y a los sistemas políticos dependientes de este último, con todas sus instituciones.

Este liberalismo moderno ha sido el verdadero motor que ha inducido a MacIntyre a luchar contra los criterios económicos, filosóficos y existenciales de la modernidad (Madigan 2013, 2025). Es muy ilustrativa la contestación del filósofo británico en su entrevista con Thomas D. Pearson (Kinesis 1996) en la que dice:

Mi crítica del liberalismo es una de las pocas cosas que ha permanecido invariable en mi visión general a lo largo de mi vida. Desde que entendí el liberalismo, no he querido tener nada que ver con él, y eso ocurrió cuando yo tenía aproximadamente unos diecisiete años (Pearson 1996, 47).

Es muy interesante también la descripción que hace Madigan, al final de su trabajo del año 2013, estableciendo una analogía entre la visión de Newman y la de MacIntyre sobre el liberalismo:

En su Discurso del Biglietto del 12 de mayo de 1879, Newman admite que ha cometido muchos errores, pero luego dice: «A un gran mal me he opuesto desde el principio. Durante treinta, cuarenta, cincuenta años he resistido con lo mejor de mí al espíritu del liberalismo en la religión». Creo que Alasdair MacIntyre podría hacer suyas estas palabras. Cierto, la religión parecería ser una cosa, la filosofía y la política otras; y así, el paralelo entre la campaña de Newman contra la religión liberal y la campaña de MacIntyre contra el liberalismo podría parecer puramente verbal. Pero véase cómo Newman define el liberalismo en la religión: «la doctrina de que no hay una verdad positiva en la religión, sino que un credo es tan bueno como otro... Esto es inconsistente con el reconocimiento de cualquier religión como verdadera» (énfasis de Newman). En este artículo no he hablado de la insistencia de MacIntyre en que una concepción realista de la verdad es indispensable para cualquier investigación racional, pero en este gran punto, como en muchos otros, él y John Henry Newman están de acuerdo (Madigan 2013, 141-142)[2].

Emotivismo

Pasemos a continuación a describir con algo más de detalle el emotivismo. Ya habíamos señalado que, según MacIntyre, el pensamiento de la modernidad había desembocado en la fundamentación del emotivismo como formulación de la ética contemporánea. En consecuencia, nuestro autor resalta el fracaso del intento de la Ilustración —donde podríamos situar la prehistoria de la modernidad avanzada— para ofrecer una justificación racional a la acción moral. Se trata, en definitiva, de ver que en el fundamento de esa

---

2. Como ya se indicó antes, hemos citado la traducción realizada por nosotros del artículo del profesor Madigan escrito en inglés.

vida ética hay un entendimiento deficiente del sentido de la racionalidad práctica para juzgar la acción moral.

El emotivismo, según lo entiende MacIntyre, es un planteamiento moral que implica la renuncia, como poco selectiva, a toda actitud moral. Y ello porque esta forma de aproximarse a la realidad pretende que todos los juicios morales no sean otra cosa que la expresión de determinadas preferencias personales. Esto implica decir que lo que pasa por verdad moral sencillamente no existe; o, en otras palabras, que no podemos establecer criterios que sean universalmente válidos para todos

La causa de todo esto reside, en buena medida, en la importancia primordial que se le ha concedido a las reglas y normas, a partir de las cuales se pretenden explicar «emotivamente» los demás elementos de la vida moral. MacIntyre, apoyándose en la filosofía moral de Aristóteles, nos hace ver que hay que anteponer las virtudes a las normas y, a través de un recorrido histórico, nos demuestra cómo se ha ido dando el cambio social donde la virtud era central, hacia otra visión, la moderna, donde se vive en una época «tras la virtud». Estas últimas palabras pueden entenderse en un doble sentido contrapuesto. Por una parte, se vive en una sociedad donde la virtud ya no es un concepto nuclear en sus presupuestos morales; y, por otra parte, es crucial la búsqueda de un modo de restituir la centralidad de la virtud. Es por ello que el autor británico termina su libro *Tras la virtud* de la siguiente manera:

> Lo que importa ahora es la construcción de formas locales de comunidad, dentro de los cuales la civilidad, la vida moral y la vida intelectual puedan sostenerse a través de las nuevas edades oscuras que caen ya sobre nosotros. Y si la tradición de las virtudes fue capaz de sobrevivir a los horrores de las edades oscuras pasadas, no estamos enteramente faltos de esperanza (MacIntyre 2013, 322).

El estudio de MacIntyre que acabamos de ver se continúa con otros trabajos en los que el filósofo moral anglosajón se suma a la interpretación que hace Tomás de Aquino a la ética de las virtudes analizada por Aristóteles. En 1988, publica *Whose justice? Which rationality?*, que se traduce al castellano en 1994 como *Justicia y racionalidad: conceptos y contextos.*

Reconocer en la filosofía de Aristóteles los recursos necesarios para dilucidar los grandes debates morales a los que se enfrentaba la modernidad, no significó para nuestro autor convertirse en un aristotélico «cerril». Todo su planteamiento no es sencillamente una repetición simple de la ética aristotélica. Su esfuerzo se concentra en intentar proporcionar razones para llevar las tesis aristotélicas más allá de Aristóteles, y para ello se apoya en Tomás de Aquino. El tomismo de MacIntyre no es un tomismo «dogmático», sino aquel que es capaz de favorecer el diálogo entre corrientes filosóficas diferentes. Esto es lo que hizo en su época Tomás de Aquino produciendo una síntesis de pensamiento entre el agustinismo y el aristotelismo; y es aquí donde nuestro filósofo moral anglosajón ve un camino seguro de progreso en la filosofía. En resumen, estas ideas pueden concentrarse en una frase lapidaria de MacIntyre, en la que condensa su itinerario de trabajo intelectual en el ámbito de la filosofía moral. Para él, ser tomista

es siempre ser aristotélico, pero es también ir más allá de Aristóteles, exactamente como hizo [santo] Tomás (MacIntyre 2009, 86).

Vulnerabilidad, dependencia y cuidado en el ser humano

Hasta la publicación de *Dependent rational animals: why human beings need the virtues* (1999), la ética de Alasdair MacIntyre se basaba sobre todo en los conceptos de práctica, bien común, virtud, unidad narrativa del sujeto moral y tradición. Esta obra supuso la inclusión de otro elemento fundamental en la filosofía moral del pensador anglosajón: la condición biológica y corporal del ser humano. Como antes señalamos, esta obra se tradujo al castellano con el título *Animales racionales y dependientes: por qué los seres humanos necesitan las virtudes* (2001).

Que la biología entre en el discurso de MacIntyre como un elemento de importancia para su investigación filosófica no deja de producir sorpresa una vez que se estudia su itinerario especulativo. Pero este juicio es superficial. Con el texto que acabamos de señalar, MacIntyre enuncia dos tesis fundamentales. La primera es que el ser humano presenta rastros comunes a otras especies animales y le lleva a comportarse de una forma parecida a ellos. La segunda, es que las virtudes de una actuación racional independiente solo se pueden ejercer adecuadamente si se acompañan de la aceptación de la vulnerabilidad y dependencia propias del ser humano en su condición animal. Como nos dice el propio MacIntyre:

> Las [...] preguntas a las que me refiero son las siguientes: ¿por qué es importante estudiar y entender lo que el ser humano tiene en común con miembros de otras especies animales inteligentes? y ¿por qué es importante que los filósofos de la moral estudien la vulnerabilidad y la discapacidad humanas? Ninguna de ellas, muy especialmente la segunda, ha recibido suficiente atención por parte de la filosofía moral. Por ello, puede dar la impresión de que éste sea un trabajo de enmienda y es así. Pero el filósofo a quien quiero corregir es a mí mismo: No he sido capaz de darme cuenta de la importancia de estas preguntas y por eso deseo, fervientemente, enmendar los errores y las limitaciones que de ello han derivado. De modo que este libro no es sólo una continuación, sino también una corrección de algunas de mis investigaciones anteriores en *Tras la virtud*, *Justicia y racionalidad* y *Tres versiones rivales de la ética* (MacIntyre 2001, 10).

Para MacIntyre, si no se tiene en cuenta la constitución biológica del ser humano, entonces no se puede reconocer hasta qué punto se encuentra este sometido a un cierto grado de vulnerabilidad y de necesidad de cuidado, y en qué medida esto resulta decisivo para su vida moral. Por ello, para que una propuesta ética sea satisfactoria debe hacer referencia a la condición animal y corporal del hombre. Solo así aparecen en escena un conjunto de virtudes —las virtudes del reconocimiento de la dependencia como la misericordia— que son de gran importancia para alcanzar el bien común.

En efecto, MacIntyre señala la importancia en el hombre de la relación con otras personas que le ayudan en lo necesario para su vida. Continúa reconociendo que la vida del ser humano se rige por reglas de reciprocidad, y aunque hay similitudes con otros animales, se diferencia de ellos en que el ser humano sabe que ha recibido atención y cuidado, y que debe proporcionarlo a los demás de la misma manera que lo ha recibido.

Hay una reciprocidad profunda en nuestras relaciones como seres humanos en el contacto con la vulnerabilidad y la dependencia. De ahí la importancia que da el autor anglosajón a la ayuda de la persona necesitada, por su fragilidad biológica. En definitiva, nuestra existencia plena se basa en gran medida en el reconocimiento de esa dependencia tan consustancial a nuestra existencia. Por ello, para MacIntyre, la *justa generosidad*, es decir, el conjunto de virtudes sociales relacionadas con la justicia y con la generosidad en nuestra relación con los demás, forma parte de nuestra realización como seres humanos.

> [...] cuando se carecen de las virtudes de la justa generosidad y la deliberación común, las comunidades tienden a corromperse por la estrechez de miras, por la complacencia, por el juicio contra los extraños y por una diversidad de otras deformaciones, incluyendo las que derivan del culto a la comunidad (MacIntyre 1999, 142)[3].

3. Traducido por J. González Pérez en *Una biografía intelectual de Alasdair MacIntyre*, Cuadernos de Empresa y Humanismo, núm. 97, Pamplona: Instituto de Empresa y Humanismo, Universidad de Navarra, 2006, 106.

3

Antropología de la vulnerabilidad

Como hemos visto en el capítulo anterior, la vulnerabilidad ha sido el punto de llegada de todo un itinerario intelectual desarrollado por Alasdair MacIntyre en esta modernidad tardía. Llama la atención que esta meta alcanzada por el filósofo anglosajón no sea un punto «idealista», sino más bien el reconocimiento que tiene la importancia de la biología para nuestra relación con los demás, y la obtención del bien común. Por ello, nos parece necesario hacer un bosquejo antropológico de este concepto, la *vulnerabilidad*, que está en la raíz de nuestro estudio.

Qué es la antropología de la vulnerabilidad

Empleamos los términos «antropología de la vulnerabilidad» para designar una propuesta teleológica o finalista de la vulnerabilidad del ser humano, tanto en sus aspectos físico-biológicos como psíquicos. Esta visión antropológica implica también, de modo fundamental, la incidencia de dicha vulnerabilidad en los elementos culturales relacionados con la unidad de la persona —vida corporal y espiritual— y, en consecuencia, con toda su libertad. Por ello, mantenemos que la vulnerabilidad humana deber ser incorporada como un elemento esencial de la reflexión sobre quién es el hombre, ya que dicha vulnerabilidad no puede ser separada, de ninguna forma, de los fines naturales de su existencia (Spaemann y Löw 2005).

Este es el sentido de que la antropología de la vulnerabilidad que queremos reflejar aquí es esencialmente teleológica, y se distingue de otras posibles perspectivas filosóficas que no tienen en cuenta el concepto de naturaleza humana compartida con otros. Efectivamente, esta naturaleza del ser humano se entiende en la unidad de su cuerpo y de su espíritu, cada uno con sus propias características, pero integrados unitariamente para alcanzar el fin de nuestros deseos que convergen en la felicidad plena.

Esta última afirmación nos parece sumamente importante, porque se trata de una visión de la antropología humana, y consecuentemente de la ética, desde los principios racionales de la «singularidad biológica» del hombre (Lombo y Giménez Amaya 2016). Se trata de analizar cómo desde el estudio de la corporalidad humana es posible alcanzar planteamientos filosóficos sobre el sentido de su existir en el mundo. Esto no quiere decir que se llegue a los fundamentos del sentido espiritual del hombre desde el estudio de la materia, sino que, desde la idea de la unidad humana de materia y espíritu (antropología), es posible indagar en los elementos corporales que hacen posible las manifestaciones de su libertad y, por tanto, de su acción y expresión en la cultura (ética) (Montoya Camacho y Giménez Amaya 2024, 30).

Además, la visión antropológica de la vulnerabilidad que proponemos se distingue también de otras alternativas que impliquen una particular idea de «individualismo». Cuando se hace menos explícita la bondad que tiene la dimensión material de la vida del ser humano, y el valor positivo que posee su fragilidad corporal vivida en comunidad con otras personas, resalta el contraste del carácter instrumental de los elementos culturales —comunitarios— como «medios para un fin» (Horkheimer 1969). De esta manera, disminuye el valor real de tales medios hasta convertirlos en algo meramente accesorio.

La ventaja del enfoque que estamos trazando sobre la fragilidad del ser humano se explicita sobre todo en la experiencia del envejecimiento, la enfermedad y la muerte, en una suerte de *contingencia biológica*. Esta última nos lleva a una fructífera reflexión intelectual sobre la naturaleza compartida con otros seres humanos para la obtención de virtudes morales. Esto pone de manifiesto el valor positivo que compartimos con otros seres animales, no solo humanos, ya que de no vivenciar la condición vulnerable o necesitada de los demás estaríamos perdiendo un beneficio para nosotros mismos.

Esta *contingencia biológica*, a la que apenas hemos hecho referencia, presente a lo largo de las distintas etapas de vida del ser humano, podría verse reflejada también en la búsqueda de la felicidad (*eudemonía*) propuesta por Aristóteles en todo aquello que escapa a nuestro control. En este sentido, el progresivo desgaste de nuestra corporalidad puede verse sostenido por las virtudes que forje el individuo, si este se ha preocupado de ello durante su vida. Por esto último, se presenta como una condición indispensable para hablar de su libertad tanto en sentido metafísico como moral, en cuanto que no implica simplemente una caducidad material, sino también la asimilación personal de tal experiencia.

Por lo tanto, dentro de esta antropología de la vulnerabilidad, el ser humano virtuoso es aquel que es capaz de incorporar en su juicio y acción morales, tanto su propia fragilidad como la que se encuentra alrededor suyo. Así, la condición vulnerable no es un simple elemento añadido de manera extrínseca a la virtud humana, sino una condición indispensable para que ésta última se desarrolle en el hombre como animal racional y social.

> Por lo que acabamos de indicar, consideramos que la *contingencia biológica* debe ser parte estructural de una antropología plenamente adecuada a los fines humanos (teleológica), y por tanto más realista y concorde a su propia dignidad y que, en definitiva, va más allá del mero intercambio de bienes (Montoya Camacho y Giménez Amaya 2024, 31).

Otro concepto a tener muy en cuenta en nuestro análisis antropológico es el de *intencionalidad corporal* (o *corpórea*), que hace referencia a la finalidad presente en nuestra corporalidad, y que se desvela especialmente en el proceso de cambio desarrollado en nuestra *contingencia bio-lógica*. Esta intencionalidad establece las condiciones cognoscitivas por las que tomamos conciencia de nuestra condición frágil que despliega un conjunto de fines, con sus acciones virtuosas, desarrolladas por alguien que se considera a sí mismo como alguien siempre inacabado.

De este modo, el marco antropológico para la correcta comprensión de la mencionada *intencionalidad,* se logra con la adecuada integración de los fines (teleología) que incluyen los aspectos psicobiológicos y espirituales del ser humano. Así, podemos decir que la *intencionalidad corporal* es una dimensión de la subjetividad que se abre al mundo, y se relaciona con otras realidades físicas que tienen unos fines que repercuten en el bien del propio sujeto. Estos fines no tienen que pertenecer meramente al orden de lo útil o de lo funcional, sino que se encuadran en acciones que están abiertas a lo noble o a lo bello, y que ofrecen una unidad vital al comportamiento humano.

La *contingencia biológica* en la vida humana

La *contingencia biológica* del ser humano manifestada, como hemos indicado, en el envejecimiento, la enfermedad y la muerte, se presenta como una condición indispensable para hablar de su libertad tanto en sentido metafísico como moral, en un contexto de vulnerabilidad o fragilidad corporal.

Por ello, la consideración de tal [fragilidad humana] no puede ser ajena a la reflexión sobre la virtud como hábito que posibilita (y construye) una mayor libertad. En efecto, la virtud no es simplemente un hábito que «mecanice» el actuar humano, es decir, que lo haga infalible, o que elimine su *contingencia biológica*. Esto se debe a que dicha [vulnerabilidad] humana es presentada, en la explicación que estamos llevando a cabo, como una condición metafísica, antecedente a su actuar moral, pero que incide de un modo determinante en el ser humano (Montoya Camacho y Giménez Amaya 2024, 33).

Desde esta condición metafísica se puede entender que la virtud moral no pueda eliminar dicha indeterminación biológica humana, somática o psíquica, puesto que escapa al poder de su operatividad la posibilidad de eliminarla. El aspecto entitativo de la *contingencia biológica* y el operativo de la virtud, se encuentran situadas en planos metafísicos y antropológicos distintos. Pero, además, si la explicación desde la antropología filosófica sobre qué es la virtud moral busca ser completamente racional, entonces, debe incorporar esta *contingencia biológica* de una manera positiva, es decir, como condición indispensable de su operatividad, como parte fundamental de los fines del ser humano. De este modo, la *contingencia biológica* de la que venimos hablando tiene que ser parte estructural de una antropología plenamente adecuada a los fines humanos, esto es, teleológica. Así, esta percepción contingente de nuestro cuerpo se torna más realista, y permite que la narrativa de la vida humana está trazada de un modo indeleble sobre los renglones de lo que ocurre en nuestra corporalidad (Montoya Camacho y Giménez Amaya 2023, 69-94).

En definitiva, nuestro argumento plantea una antropología de la vulnerabilidad que integra de modo teleológico, y desde la subjetividad del ser humano, los planos metafísico y moral de la realidad de su *contingencia biológica*: no se trata de que la inclusión de la imperfección humana sea un elemento ajeno o extraño que se tolera porque no nos podemos deshacer de él, sino de su plena aceptación para que el sentido de nuestra vida lleve a la felicidad.

La *biología metafísica* aristotélica en la antropología de la vulnerabilidad

En el contexto en el que estamos hablando, Aristóteles habla de la virtud (*areté*), no solo como el perfeccionamiento individual, sino también el de su apertura a la vida social (polis). De este modo, no es posible entender la *Ética a Nicómaco* sin haber analizado su *Política* y, por tanto, habiendo tenido en cuenta las reflexiones del Estagirita sobre los afectos humanos y la educación de los ciudadanos, que también aparecen en la *Retórica* y en la *Poética* (Zagal 2014).

Para Alasdair MacIntyre el conjunto de la obra aristotélica no puede ser comprendida sin asentarla sobre lo que él denomina la *biología metafísica* del pensador griego (MacIntyre 1987, Lombo y Giménez Amaya 2013, 2016). Esta «biología metafísica» remite a las necesidades corporales de los seres humanos, que viven en sus respectivas «casas» (*oîkoi*) que a su vez componen la polis, y donde puede observarse su vulnerabilidad corporal con las necesidades de lo útil y de lo funcional para su vida psicofísica. Además, estas necesidades de utilidad y funcionales se ven realizadas, como indica Aristóteles en su *Política*, a través de las condiciones que se establecen para la pervivencia de la vida comunitaria (Aristóteles 1970, I, III, VII y VIII).

De esta manera, el fin natural de la polis es garantizar las condiciones para el desarrollo de la «vida buena» considerada moralmente. Esto es posible a través de las leyes que permiten que el hombre que gobierna la «casa» sea virtuoso, es decir, que cumpla con los fines de su naturaleza social, no sometida a ninguna necesidad vital, y que permita satisfacer, a su vez, las necesidades de su familia (Aristóteles 1970, VIII, 3, 1338a 13-20). En definitiva, para el Estagirita no puede existir la ciudad sin la familia y su cuidado material, y sin el auxilio que pueden brindar los amigos en momentos de necesidad como es el caso de la vejez o de la enfermedad (Aristóteles 2010, VIII, 1, 1155a 1 – 1156b 30).

Parece evidente que la consideración corporal de los otros seres humanos, y por tanto vulnerable y necesitada de cuidado, se encuentra presente en las reflexiones de Aristóteles acerca del buen gobierno de la polis, aunque no totalmente en la especificación de la virtud del buen ciudadano. Esto es así porque, según nos dice el Estagirita, los esclavos, los artesanos, y quienes componen la «casa» —como las mujeres y los niños—, se encuentran excluidos de la vida «política», ya que no cuentan para el ejercicio de la vida contemplativa (Aristóteles 1970, III, 5, 1278a – 1278b). Sin embargo, es importante señalar que lo que acabamos de indicar no significa que, para el pensador griego, aquellos que han quedado excluidos de la acción política no tienen una naturaleza humana teleológica.

De todo lo dicho, no se desprende que, en la visión del Estagirita, los fines de las necesidades vitales de los más vulnerables no cuenten para el planteamiento de las leyes ciudadanas.

Más bien, se trata de una exclusión social que no tiene en cuenta sus afirmaciones acerca de la vida humana, ya que estos no han recibido la educación adecuada para el desarrollo de la virtud (Ossandón 2001). Este aspecto considerablemente negativo sobre el ejercicio de la libertad individual, y que va en contra de nuestra percepción actual de cómo debe articularse la libertad social, no invalida el planteamiento teleológico ligado a la biología, es decir a la corporalidad, como veremos a continuación. Sin embargo, sí que aleja, de hecho, la vulnerabilidad del ser humano de la consideración de la vida virtuosa del buen ciudadano (Montoya Camacho y Giménez Amaya 2024, 35).

Para Aristóteles, tiene una importancia relevante que en la ciudad se pueda vivir feliz y, por tanto, debe ser un fin alcanzable por todos los individuos en su conjunto.

En consecuencia, la felicidad de los esclavos, de los artesanos, y de quienes componen la «casa», tiene que ser parte de la deliberación de las leyes y de la vida en sociedad (Ossandón, 2001: 89-98). Pero, en la obra de Aristóteles, la cuestión que aleja más la vulnerabilidad de la experiencia de la «vida virtuosa» del buen ciudadano es su interpretación del *megalopsychos*: el *magnánimo* u «hombre de alma grande», como modelo de ser virtuoso (Curzer, 1990: 517-537; 1991: 131-151). Esta explicación del Estagirita contrasta fuertemente con otros planteamientos suyos que ponen de manifiesto la virtud del agradecimiento (Kristjánsson, 2015: 503-510). En todo caso, la caracterización aristotélica del *megalopsychos* es criticada por Alasdair MacIntyre a partir de la idea de «dependencia» en su modelo de virtud (MacIntyre, 2001: 147-151; Llano, 2002: 140-

141) (Montoya Camacho y Giménez Amaya 2024, 35)[4].

En efecto, la crítica de MacIntyre al concepto de *megalopsychos* del gran filósofo griego se basa en las propias palabras del Estagirita:

> [el magnánimo] se avergüenza de recibir favores, porque es un rasgo de alguien superior otorgar favores, mientras que lo característico de alguien inferior es recibirlos (Aristóteles 2010, IV, 3, 1124b 9-10).

Por este motivo, a ese tipo de «hombre virtuoso» no le gusta que otros le recuerden los beneficios recibidos y, en cambio, evoca con gusto los dones que él mismo les ha otorgado. Por lo tanto, el *megalopsychos* aristotélico podría terminar

---

4. También Tomás de Aquino en su comentario a la *Ética a Nicómaco* de Aristóteles, viene a indicar los problemas que el *megalopsychos* del Estagirita tiene para la condición humana, y que se resumen en la presunción, la insensatez y la pomposidad exterior. En otras palabras: la vanagloria, la ambición y la suficiencia. Sin embargo, para el Aquinate, en su comentario a Aristóteles, todos estos problemas se considerarían mejor que el efecto contrario a la *megalopsychia*: la pusilanimidad (Tomás de Aquino 2010, lib. IV, c. 6, lec. 11, núms. 545-547).

quedándose aislado de los demás, y fomentando así una autonomía que velaría más por el propio interés que por el beneficio de los otros, y todo esto debido a la vanidad, o un exceso de orgullo. Todo esto nos lleva a entender que el Estagirita se aleja de la idea común de *magnanimidad* en la antigua Grecia, la cual estaba más relacionada con el «orgullo» y con el merecimiento de bienes externos, sobre todo con el honor.

Así, en las interpretaciones positivas de la *megalopsychia* aristotélica, se indica que la característica principal del magnánimo es estar desprendido de los bienes exteriores, y no de los demás seres humanos, ya que el *megalopsychos* cuenta también con amigos, y el honor no es lo más importante en su vida sino la virtud. Además, el filósofo griego deja claro que el vicio por exceso de este tipo de virtud es la «vanidad», atribuida al que piensa que merece honores y que en realidad no le corresponden, precisamente por su anhelo de bienes externos. Y también se advierte que el vanidoso nunca podrá sobrepasar al magnánimo en el merecimiento del honor. De este modo, Aristóteles establece el realismo de esta virtud: la finalidad de las acciones del magnánimo no está en lo que uno mismo cree que merece, sino en lo que realmente es digno de ese merecimiento: hacer lo que es *bueno*, aunque no siempre se tenga éxito (Aristóteles, 2010: IV, 2, 1122b 35 – 1125a 30) (Montoya Camacho y Giménez Amaya 2024, 36).

En todo caso, el *magnánimo* posee una serie de características que le llevan a comprender que aun el ser más avanzado en la virtud necesita reflexionar sobre las limitaciones que le son impuestas por su propio deseo humano de aspirar a cosas grandes en esta vida. Pero no solo esto, sino que, además, la propensión a la vanidad es patente, en cuanto el mismo Estagirita afirma que

> los vanidosos son necios e ignorantes de sí mismos, y esto es manifiesto [...], desean que su buena fortuna sea conocida de todos, y hablan de ella creyendo que así serán honrados. Pero la pusilanimidad es más opuesta a la magnanimidad que la vanidad, ya que es más común y peor. La magnanimidad, pues, está en relación con los grandes honores, como se ha dicho (Aristóteles 2010, IV, 3, 1124b 20-35).

De esta manera, podemos ver que, como ha indicado Alasdair MacIntyre, existe una traba de «autosuficiencia» en las palabras de Aristóteles. Considerado con detenimiento, esto se da en todo ser humano, y no solo a los ricos o poderosos, como nos sugiere el filósofo británico (MacIntyre 2001, 147-151).

Además, es muy difícil encontrar, en las obras de Aristóteles, un discurso sobre la «gratitud», como aspecto fundamental de la vida moral, aunque siguiendo los escritos aristotélicos se pueda desarrollar de forma orgánica (Kristjánsson 2015, 499-511).

Por lo que respecta a la *biología metafísica* de Aristóteles, y todo el planteamiento moral que se sostiene en ella, MacIntyre ha revelado la conexión intrínseca que tiene la ética aristotélica con los fundamentos teleológicos, de su idea de vida como auto-movimiento y de la acción voluntaria del deseo humano que anida en el alma (Aristóteles 1994, V, 4, 1014b 15-20; 2014, I, 1, 402a 1-10; I, 2, 405b 10-15; I, 3, 406b 25; II, 2, 414a 10-30; II, 4, 415b 5-10; II, 4, 417b 10-15).

Para el Estagirita, al contrario que para Platón, no existe una entidad ideal llamada «vida» de la que cada ser viviente es una ejemplificación (Platón 1997, 2019). Para Aristóteles el mundo está poblado por vivientes concretos, cuyo «ser» es vivir, y que ese «ser vivo» se despliega en la existencia a través de funciones básicas como la nutrición, el crecimiento y la reproducción; a las que hay que sumar otras como la percepción, la locomoción, la emoción y el conocimiento intelectual. Comprenderlo de esta manera, nos ayudará a saber «qué es» el ser humano y «cómo ha llegado a ser lo que es».

La biología de Aristóteles es así plenamente «realista», y tiene como punto de partida el desarrollo de la vida; las sustancias propiamente dichas son los seres vivos, y no es posible comprender el «ser», en sentido metafísico, sin la comprensión del «ser vivo». Saber qué fines poseen los vivientes para llegar a su pleno desarrollo es para Aristóteles la forma de aproximarse a la realidad de la vida (Marcos 1998, 25-48; 2012).

En el caso del ser humano, con un alma racional, sus propios deseos son causa de su movimiento y se encuentran englobados en una dinámica regida por la cuádruple causalidad (Aristóteles 1994, V, 1013a 25-35). De estas causas, la final, rigiendo esencialmente su naturaleza, es aquella que guía al ser humano en la consecución de su fin: el bien alcanzado por medio de su racionalidad. En otras palabras, le comunica unas tendencias hacia los bienes que cumplen el sentido de su existencia; todo aquello que perfecciona su «ser», la vida, la esencia vital o la naturaleza que posee. De esta manera, la «naturaleza» sirve en el hombre como

> principio y causa del movimiento o del reposo en la cosa a la que pertenece primariamente y por sí misma, no por accidente (Aristóteles 1995, II, 1, 192b 20-22).

Lo que hace peculiar al ser humano, como causa del movimiento, es el que «surja de sí mismo», y por tanto es un tipo de movimiento generado en él que obedece a los fundamentos de su acción voluntaria. Este es un planteamiento es el que sigue Tomás de Aquino, al hablar de la acción causada racionalmente y deliberada de forma libre (Enríquez Gómez y Montoya Camacho 2021, 329-355).

Es así como podemos observar que la *biología metafísica* en Aristóteles, puede dar lugar a una gran cantidad de fines naturales que, considerados como un «bien», pueden ser incorporados como necesidades en la deliberación para alcanzar la felicidad. La escasez de los recursos materiales para satisfacer tales necesidades vitales en la sociedad hace que el ser humano virtuoso, junto a otros, pueda experimentar su dependencia, y así tomamos conciencia de la vulnerabilidad propia y ajena (MacIntyre 2001; González Pérez 2006, 102-107; Giménez Amaya 2020, 112-115).

Para MacIntyre, que desde la virtud se tenga conciencia de la propia vulnerabilidad se percibe analizando en profundidad la unidad narrativa de la vida humana.

En efecto, el filósofo británico ve como Tomás de Aquino amplía la descripción aristotélica del concepto de «bien», con un doble movimiento: en primer lugar, exponiendo la teoría clásica de la relación finalista o teleológica entre el «bien» y el «ser», que se realiza a través de la acción de todo ser humano (Tomás de Aquino, 1972: Ia, q. 5, a. 1, resp.; Giménez Amaya y Lombo, 2022: 105-114); y, en segundo lugar, introduciendo la virtud de la «misericordia» en estrecha relación con la idea de «justicia», tal como veremos más adelante (Montoya Camacho y Giménez Amaya 2024, 38-39).

Así, el perfeccionamiento humano abarca la totalidad de su naturaleza corporal y espiritual, y conecta la metafísica con la filosofía de la naturaleza y con la ética. Todo apunta a que el término *contingencia biológica* de nuestra propuesta no puede ser comprendido sin el contexto de esta *biología metafísica* (Lombo y Giménez Amaya 2016, 11-17).

El sentido finalista o teleológico de la antropología de la vulnerabilidad

Con la explicación de las condiciones para que la virtud lleve al ser humano a tomar conciencia de su vulnerabilidad, es posible entender mejor el sentido finalista —o teleológico— que tiene la visión antropológica que ahora planteamos: el cuerpo humano y su *contingencia*, que se abre a la indeterminación, tienen una finalidad, y a eso denominamos *intencionalidad corpórea*.

Esta última establece las condiciones en las que tomamos conciencia de nuestra fragilidad biológica; y cumple este cometido insertándose, como parte fundamental, en un conjunto de fines para la realización de acciones virtuosas, que son llevadas a cabo por alguien que considera su ser como algo siempre inacabado. En efecto, esto es así, porque toda antropología para ser realista debe tener en cuenta que el ser humano es un ser incompleto (Lombo y Giménez Amaya 2022, 105-114).

Para entender esto, nos parece importante considerar, en primer lugar, que no existe un ser humano virtuoso perfecto[5]. Así, la imperfección, a

5. Aristóteles, al hablar de la acción del ser humano considera que dicha acción está siempre en un camino de

la que acompaña también la posibilidad humana del error, son condiciones ontológicas para el ejercicio de la libertad: sin ellas, el análisis intelectual de los actos humanos podría verse reducido a un estudio lógico-positivista de las consecuencias de los eventos del mundo, y podría llevar a una interpretación claramente determinista de la realidad.

Por tanto, la suposición teórica de un «mundo» donde no se considere racionalmente esta premisa, no corresponde con la realidad, en la que podemos ejercer nuestra libre voluntad y actuar, de esta manera, de acuerdo con nuestra propia naturaleza (Montoya Camacho 2021, 121-140). En definitiva, la acción libre del ser humano, dentro de la *contingencia* que representa su vulnerabilidad, se orienta hacia el logro de su «mejor yo». Y esto es precisamente lo que nos ha hecho ver Alasdair MacIntyre (Oakes 1996, 22-26; Rodríguez Duplá 2001).

continua perfección del que nadie escapa, ni siquiera la persona más *magnánima*, siendo ésta última la virtud más perfecta para el filósofo griego. En la descripción que hace el Estagirita de la persona que encarna la *magnanimidad* hay una serie de características que nos llevan a comprender que aun el ser más avanzado en la vida virtuosa necesita reflexionar sobre su propia imperfección (Aristóteles 2010, IV, 3, 1124b 9-10).

Así, podemos concluir que el esquema clásico sobre el camino de la vida humana hacia la virtud debe ser completado con la siguiente idea: el ser humano virtuoso es alguien que es siempre perfectible, y que ninguna virtud puede cambiar esa condición suya primordial (Montoya Camacho y Giménez Amaya 2025b).

> Al contrario, siendo la *contingencia biológica* un aspecto fundamental de la realidad, entendemos que es parte importante de la tarea de la virtud de la prudencia, como actividad rectora de la acción humana, alcanzar ese entendimiento, y así dirigir nuestro comportamiento hacia esa toma de conciencia (Montoya Camacho y Giménez Amaya 2024, 40).

Por lo tanto, este modo de ver la realidad hace que, en un entorno de cultivo de las virtudes, nuestra convivencia con la vulnerabilidad —con nuestra *contingencia*—, se realice como un fin (teleología). A esto habría que añadir que todo este desarrollo armónico del ser humano debe realizarse en un entorno social que, en su conjunto, integra todo nuestro actuar racional en íntima relación entre la vulnerabilidad y la virtud. Este aspecto es desarrollado en el capítulo siguiente.

4

Vulnerabilidad y virtud

El ser humano virtuoso es aquel que es capaz de incorporar en su juicio y acción morales, tanto su propia dependencia o fragilidad como aquella presente en los demás. Dicha vulnerabilidad es entendida como *contingencia biológica*, y no se trata de un añadido externo a la virtud humana, sino una condición indispensable para que ésta se desarrolle en el hombre como animal racional y social (MacIntyre 2001; Giménez Amaya y Lombo 2022, 105-114).

Efectivamente, lo que nos distingue como seres humanos de los animales irracionales es que estos últimos se encuentran en un constante estado de mantenimiento de la vida. Así, las necesidades básicas de los animales se encuentran en los límites que rigen la distinción entre la vida y la muerte, y su condición de seres vivos sin una cultura compartida hace que no cuenten con los elementos necesarios para superar dicha condición vital.

Los animales no poseen la libertad para ir más allá de este estado. Por el contrario, el ser humano puede establecer un marco racional para la incorporación de su *contingencia biológica* a su propia existencia. Esto lo puede hacer no por una simple funcionalidad que lleve a eliminarla como si fuera una simple deficiencia, sino que puede establecer las condiciones cada vez más adecuadas para tratar algo que es omnipresente. En este sentido, Alasdair MacIntyre nos ha mostrado que la adquisición de virtudes que atiendan al cuidado de lo vulnerable, de lo dependiente, ayuda a garantizar un mundo más humano, aunque no sea «funcionalmente» perfecto (MacIntyre 2001).

Quién es el ser humano bueno o virtuoso en la antropología de la vulnerabilidad

Para el filósofo británico, la modernidad ha propiciado y también ha estimulado el desarrollo de seres humanos con un deseo de conservación de las condiciones vitales que garantizan su supervivencia en la sociedad (Bello Rodríguez y Giménez Amaya 2018; Giménez Amaya, Montoya

Camacho y Villanueva Cruz 2026). Este deseo podría ser considerado como parte de su supervivencia animal, pero va más allá de eso, porque en el ser humano la simple supervivencia es más compleja y articulada que una simple forma de sortear la muerte biológica (Lombo y Giménez Amaya 2016). En efecto, este deseo del hombre moderno, que satisface las apetencias y el bienestar corporal, y que dominan la razón, lo van alejando progresivamente de la adquisición de la virtud propia de la justicia, que debería contar con la compasión frente al más débil como parte constitutiva de su actuar virtuoso.

Por ello hemos denominado a este fenómeno que acabamos de escribir como *vitalismo metabólico* del ser humano. Con ello queremos señalar una situación social y cultural del mundo contemporáneo, que le lleva a un estado de supervivencia meramente «artificial», impidiéndole así la adquisición y el ejercicio de virtudes, especialmente de aquellas que se relacionan con la compasión y la justicia, y que se desarrollan en el entorno de la vulnerabilidad o dependencia (Montoya Camacho y Giménez Amaya 2025b).

Es por ello, que el ser humano que pretende ser bueno y virtuoso lo es verdaderamente si es capaz de realizar acciones justas, es decir, aquellas en las que integra la vulnerabilidad propia y ajena en su camino de plenitud.

Contexto ético de la antropología de la vulnerabilidad

Como venimos describiendo, el punto central de la perspectiva antropológica de la vulnerabilidad, tal como la entendemos nosotros, es la denominada *contingencia biológica* del ser humano, que vemos en el envejecimiento, en la enfermedad y en la muerte. Esta contingencia también se muestra en la doctrina de la felicidad (*eudemonía*) propuesta por Aristóteles (2010, I, 1, 1094a1 – b10). El Estagirita explica que esa felicidad moral se articula básicamente sobre tres elementos: virtud (*areté*), ciertos bienes que producen el placer (*hedoné*), y la consideración de lo que está fuera del control voluntario, que define como destino (*ananké*) (Barrio Maestre 2013, 220-230)[6].

De este modo, el pensador griego nos muestra que para ser feliz hay que:

6. La palabra *areté* se suele traducir en griego como «excelencia»; *hedoné* se traduce como «placer»; y *ananké* se puede traducir como «fatalidad» o «destino».

(a) ser bueno, viviendo una vida virtuosa;

(b) poseer ciertos bienes que complementan el cuerpo y el alma: bienes materiales que producen satisfacción a las necesidades corporales, y otros que van más allá de ellos como es el caso de la amistad;

(c) y, finalmente, considerar la existencia de aspectos de la realidad que son, de por sí, incontrolables, como es el caso del azar (*autómaton*) y la fortuna (*týche*), que tienen que ver con muchas de las situaciones que nos suceden y que tienen una gran relevancia ética[7].

Siguiendo este esquema ético, llegamos a la consideración de la virtud del ser humano como el nivel más alto de humanización. Esto ocurre no solo por los hábitos virtuosos que adquiere, y que le perfeccionan en su ser, sino también

---

7. Como señala acertadamente Alejandro Llano: «Para acercarnos a la realidad de los accidentes morales y considerar su posible relevancia ética, fijémonos por un momento en un tipo de ser coincidental que presenta especial significación antropológica. Se trata de la suerte o fortuna. La fortuna (*týche*) se distingue del simple azar (*autómaton*) en que se refiere a objetos que proceden de la acción humana, o bien influyen en ella y en la prosperidad de la persona que la lleva a cabo» (Llano 2006, 59).

porque adquiere una conciencia cada vez más clara de su propia vulnerabilidad o fragilidad, y de la presente en los demás. De esta manera, puede comprenderse mejor como el ser humano está sujeto habitualmente a estas características vulnerables, y a los cambios que puede sufrir su comportamiento por su propia condición psico-biológica. Esta vulnerabilidad no solo es perceptible desde la perspectiva del envejecimiento, la enfermedad y la muerte, sino también en una alteración del placer de la vivencia corporal que puede incidir de forma determinante en la cultura (Lombo y Giménez Amaya 2016; Giner 2022, 397-405; Montoya Camacho y Giménez Amaya 2023, 69-24; 2025b).

Por todo ello, la adquisición de la virtud lleva al ser humano a alcanzar un conocimiento más completo de los fines de su propia vida y a un crecimiento en su libertad. Esto ocurre a través de la reflexión sobre las características de su vulnerabilidad, entendidas como algo que va más allá de su propia voluntad, y que también puede ser entendido como «lo incontrolable de su vida» (McInerny 1987, 85-93; Llano 2006, 55-80).

Como venimos indicando, la vulnerabilidad y la libertad en el ser humano se encuentran muy relacionadas cuando consideramos la idea de «lo incontrolable de la vida», y esto último alcanza su sentido positivo a través de la «virtud moral». En efecto, no se trata simplemente de observar la relación entre la vulnerabilidad y la libertad a partir de los límites que nos impone nuestra condición contingente. Hacerlo así nos llevaría a una relación antagónica, muy difícil de reconciliar, entre ambas realidades humanas. Por el contrario, al hablar positivamente de la relación entre vulnerabilidad y libertad, nos estamos refiriendo a comprenderlas en la dimensión que ofrece la experiencia de la virtud como apertura del individuo hacia los otros seres humanos, para así incrementar las posibilidades personales de alcanzar tanto los fines de la propia vida, como los fines de la vida de los demás (Giménez Amaya y Lombo, 2022: 105-114) (Montoya Camacho y Giménez Amaya 2024, 41).

Por tanto, al considerar esta relación, desde la experiencia de la virtud, entre nuestra libertad y la condición de seres dependientes observamos con mayor claridad los efectos devastadores del individualismo moral (MacIntyre 2001; Madigan 2013, 122-144; 2025). En efecto, este último encierra al sujeto dentro de los límites de la satisfacción de sus propias necesidades, reemplazando el potencial humano de las relaciones humanas virtuosas por otros vínculos de carácter meramente técnico, legal o comercial (Montoya Camacho y Giménez Amaya 2022, 71-104).

De este modo, el individualismo ha terminado por instalar en nuestra sociedad una serie de interpretaciones de la vida humana muy opuestas a las que proponemos: la comprensión de la libertad como un fin en sí misma para la sociedad; el olvido de las diversas dimensiones de la vida que relacionan a la persona con el mundo natural y la vida social; y, finalmente, el ocultamiento de los fines naturales de la voluntad que, si fueran desvelados en su correcta dimensión, podrían ayudar al ser humano en la búsqueda de la verdad (Montoya Camacho y Giménez Amaya 2025b, 69-97).

La consecuencia de todo lo señalado ha sido el progresivo avance de una cultura en la que se ha borrado el contexto moral (*ethos*) para la deliberación de los fines honestos de la vida. Sin ellos, es muy complicado para el ser humano advertir que su existencia pueda trascender más allá de lo útil y placentero, haciendo difícil que comprenda la necesidad natural que tiene de ser salvado en su condición limitada y vulnerable (Montoya Camacho 2025, 1-23).

Como corolario de lo que acabamos de decir, una antropología de la vulnerabilidad tal como la proponemos, va más allá del control voluntario del ser humano, como es el caso de su dependencia de los demás o de todo aquello que se presenta incontrolable en su vida, debe ser entendido como la condición natural que hace posible desear una vida lograda más allá de la contingencia del mundo material.

La *vulnerabilidad corporal* y el desarrollo de la virtud

Apoyándonos en la investigación del filósofo británico Alasdair MacIntyre, estamos profundizando en este trabajo sobre la importancia que tiene ser conscientes de nuestra propia *vulnerabilidad corporal*. Con ella es posible desarrollar una reflexión antropológica sobre la experiencia que todo ser humano tiene de sus propios límites, y del deseo de trascenderlos.

El fundamento racional —metafísico y antropológico— lo hemos ido presentando a lo largo de este estudio. Efectivamente, la experiencia individual de una situación de desgaste y deterioro psicobiológico puede ser comprendida también teóricamente de forma unitaria, dentro de la visión teleológica del cuerpo humano y teniendo en cuenta la totalidad de su vida, lo que implica la libertad humana como condición necesaria para ello (Montoya Camacho y Giménez Amaya 2023, 69-94).

De este modo, siguiendo el paradigma antropológico en el que nos sustentamos, así como al inicio de la vida el ser humano se hace naturalmente capaz de tener cierta comprensión de su vulnerabilidad y dependencia a través del amor a la propia madre, se hace necesario también ordenar racionalmente la vida social con las virtudes específicas relacionadas con la convivencia, con la atención y con el cuidado de esa vulnerabilidad y dependencia (MacIntyre 2001; Lombo y Giménez Amaya 2016; Torre 2023, 1-13).

La condición corporal del ser humano se manifiesta, sobre todo, vulnerable, y según MacIntyre lleva a establecer relaciones de dependencia entre los individuos. Desde aquí, el filósofo anglosajón reconoce la necesidad de ordenar racionalmente las relaciones sociales, lo cual se traduce en el cultivo de aquellas virtudes específicas que tienen que ver con la convivencia, la atención y el cuidado (Lombo y Giménez Amaya 2016, 2024).

Por tanto, el carácter contingente del cuerpo humano no implica solamente un límite para

la vida, sino una apertura a ordenar los confines
de la propia condición en cooperación con otros
seres humanos. En otras palabras, este aspecto li-
mitado de nuestra naturaleza implica, también,
un impulso para vivir que encuentra una perfección en el reverso de la vulnerabilidad: la fortaleza de saber depender de los demás. Se trata de
un crecimiento en experiencias que, como hemos
visto, trascienden la mera materialidad de la biología (Jaspers 1967).

Niveles en la relación de nuestra vulnerabilidad con la actividad para compensarla

Nuestro trabajo nos ha llevado a identificar,
al menos, tres niveles en la relación de nuestra
vulnerabilidad —como carencia de bienes, no
solo materiales— y la actividad necesaria para
compensarla. Estos niveles se corresponden,
además, con aspectos que hemos denominado
también como *intencionalidad corpórea*. Esto
se debe a que los fines implicados en dicha *intencionalidad* se vuelven más determinantes, en
la vida humana, por las carencias y necesidades
que guardan relación con el envejecimiento, la
enfermedad y la muerte.

Los tres niveles, a los que nos referimos, corresponden a disposiciones que se pueden establecer, por medio de las virtudes, (a) en el propio individuo, (b) de modo recíproco entre los individuos, y (c) de los demás para con el individuo.

(a) En el primer nivel, la carencia biológica es compensada por la acción del propio individuo en la forma de una *segunda naturaleza*. En este sentido, el progresivo desgaste de la *contingencia biológica* que implica el envejecimiento, puede verse sostenido por las virtudes que forja el propio individuo. Esto no es algo automático porque implica la libertad del ser humano que está interesado en hacer el bien: actos de bondad en los que se da a sí mismo y que ofrecen un fin plenamente humano a su libertad (Lombo y Giménez Amaya 2016, Montoya Camacho y Giménez Amaya 2025b).

A este respecto, nos parece fundamental remarcar que el ser humano necesita desarrollar de manera especial las virtudes centrales de su existencia, que le ayudarán a incorporar en su juicio y en sus acciones morales tanto la propia vulnerabilidad como la de los demás. En efecto, en el ser humano su actuar moral necesita de todo ese entramado de virtudes que lo hacen moralmente bueno. Entre estas virtudes, destacaríamos la prudencia, como virtud rectora que cumple un papel fundamental. Ya que lleva a cabo una unificación con las demás virtudes morales, porque advierte al ser humano sobre el justo medio en su actuar (*Summa Theologiae* I-II, q. 64, a. 3, c.; I-II, q. 66, a. 3, ad. 3) (Tomás de Aquino 1972).

Por este motivo se puede decir que la conexión de la prudencia con la justicia es casi inmediata, en cuanto que nos lleva a identificar aquello que debe ser hecho en un momento concreto de la vida, especialmente si se trata del reconocimiento de la vulnerabilidad y de la dependencia humanas. Así se indicó de forma

> magníficamente sencilla en la Edad Media: «sabio es el hombre a quien las cosas le parecen tal como realmente son» […]. Un hombre al que las cosas no le parecen lo que son, sino que nunca se percata más que de sí mismo porque únicamente mira hacia sí, no solo ha perdido la posibilidad de ser justo (y poseer todas las virtudes morales en general), sino también la salud del alma. [Es una] «falta de objetividad» egocéntrica (Pieper 2010, 17-18).

(b) En un segundo nivel de las actividades compensatorias acerca de la vulnerabilidad humana, tenemos las relaciones con los demás. Esto supone compartir necesidades e intercambiar bienes. Efectivamente, todo ser humano, a lo largo del tiempo, da y recibe en el contexto de un complejo entramado social e histórico (Lombo y Giménez Amaya 2016). En este sentido, el ser humano es capaz de instaurar, en el orden de su vida moral, relaciones de justicia y de amistad (González 2016). Para comprender mejor todo esto en relación al primer nivel ya indicado, es oportuno recordar lo que dice Aristóteles sobre la amistad:

> La amistad es una virtud o algo acompañado de virtud y, además, es lo más necesario para la vida. En efecto, sin amigos nadie querría vivir, aunque tuviera todos los otros bienes; incluso los que poseen riquezas, autoridad o poder, parece que necesitan sobre todo amigos; porque ¿de qué sirve esta abundancia de bienes sin la oportunidad de hacer el bien, que es la más ejercitada y la más laudable hacia los amigos? ¿O cómo podrían esos bienes ser guardados y lo preservados sin amigos? Pues cuanto mayores son, tanto más inseguros. En la pobreza y en las demás desgracias, consideramos a los amigos como el único refugio. Los amigos ayudan a los jóvenes a guardarse del error; y ayudan a los viejos, los cuales, a causa de su debilidad, necesitan asistencia y ayuda adi-

cional para sus acciones; y los que están en la flor de la vida les prestan apoyo para las nobles acciones. «Dos marchando juntos», pues con amigos los hombres están más capacitados para pensar y actuar (Aristóteles 2010, VIII, 1, 1155a 1-15).

De esta manera, podemos entender como la *intencionalidad corpórea* en el ser humano que posee una condición biológica racional y que muestra carencias, se va configurando a través de las virtudes que encarna. Así, tal *intencionalidad*, por tanto, solo puede ser entendida de un modo pleno en el marco de las virtudes aristotélicas, especialmente de la «amistad» como virtud que forja unas relaciones afectivas, y se proyectan en nuestra sociedad a través de la cultura (Nichols 2023).

Además, este tipo de *intencionalidad* que ahora estamos estudiando, requiere de la *vulnerabilidad corporal* para orientarse hacia un propósito moral honesto que le haga capaz de recibir la amistad de los demás. Esta condición incluye la reciprocidad que se da a través de la virtud de la justicia que busca el bien equitativo para todos.

Así, la fragilidad o *vulnerabilidad corporal* puede cumplir con la tarea de ser un reclamo para la conciencia del ser humano. Y esto no sólo para la adquisición de las virtudes sociales, sino también para hacer presente la dependencia de los demás, y así abrir un camino para compensar la fragilidad del ser humano partiendo de contextos más personales.

(c) En el tercer nivel compensatorio de la vulnerabilidad humana, se requiere un cuidado y una atención conformes a su propia dignidad, más allá del intercambio de bienes propios del desarrollo personal. Atender esto implica un bien que se proporciona por el sujeto, aunque el receptor no pueda corresponder activamente. Es decir, el cuidado proporcionado al vulnerable perfecciona a quien presta ese servicio, en cuanto se hace mejor con el acto mismo de darlo: ya que incorpora la vulnerabilidad propia y ajena a su misma vida. Además, la relación de este nivel con los dos anteriores se da también a través de la «amistad», ya que se requiere la virtud de la «misericordia», la cual no puede ser aprendida sin amigos (Lombo y Giménez Amaya 2016; Giménez Amaya y Lombo 2022, 105-114; Montoya Camacho y Giménez Amaya 2024).

Desde la perspectiva del aristotelismo de MacIntyre, los niveles que hemos indicado solo pueden integrarse a través de la «amistad» sin la que es imposible que se dé la virtud de la «justicia», y viceversa. Es por todo ello que nos parece que MacIntyre llama «justa generosidad» a esta peculiar realidad, auténtico fundamento de las virtudes del cuidado (MacIntyre, 2001: 148-149).

Al mismo tiempo, al llevar a cabo la explicación sobre la importancia de las virtudes del reconocimiento de la vulnerabilidad y de la dependencia, el filósofo británico acuña este término de «justa generosidad» para plasmar en la ética lo que venimos explicando desde la metafísica y la antropología. De este modo, la «justa generosidad» genera unas relaciones comunitarias en las que están implicados todos los aspectos de la vida humana. Entre estos queremos destacar, sobre todo la afectividad, que contribuye en la particularización de la acción moral. Así lo apreciamos, especialmente, en los actos de misericordia, en los que el sujeto, en el ejercicio de las virtudes morales, busca el *bien* dándose a sí mismo a los demás (Montoya Camacho y Giménez Amaya 2024, 124-125).

Como nos dice el propio MacIntyre, la *justa generosidad*

llevar a tener relaciones comunitarias que: involucran a los afectos; no se reducen a rela-

ciones de largo plazo de los miembros de una
comunidad, sino que incluyen las relaciones de
hospitalidad hacia extraños que estén de paso y,
mediante el ejercicio de la virtud de la misericordia, incorporan a todos aquellos con cuya necesidad urgente se ven confrontados los miembros
de la comunidad. Al hablar del tipo de acción
que surge de la justa generosidad, he dicho que
está «fuera de todo cálculo», pero es necesario
puntualizarlo ahora. La justa generosidad exige
que no se hagan cálculos en un sentido concreto:
no puede esperarse una proporcionalidad exacta
entre lo que se da y lo que se recibe. Como ya dije
antes, aquellos de quienes se espera recibir algo y
de quienes probablemente se reciba no serán casi
nunca las mismas personas a las que se ha dado;
y no existen límites determinados de antemano
para lo que uno está obligado a dar, y que puede exceder en mucho lo que se ha recibido: no
es posible calcular lo que uno debe dar a partir
de lo que uno ha recibido. Existe, sin embargo,
otro sentido en que el cálculo prudente no sólo
está permitido, sino que lo requiere la justa generosidad. Si una persona no trabaja para tener
algo en propiedad, no tendrá nada que dar; si no
ahorra, sino que sólo consume, cuando llegue el
momento en que el prójimo necesite su ayuda
urgentemente, carecerá de los recursos necesarios
para ayudar. Si da a quienes no están realmente

en una situación de necesidad urgente, puede no tener suficiente para dar a quienes sí lo estén. De manera que son necesarias la laboriosidad para obtener, la economía para ahorrar y el criterio para discriminar en lo que se da; y éstos también son otros aspectos de la virtud de la templanza (MacIntyre 2001, 148-149).

Como se desprende de estas palabras del filósofo anglosajón, la introducción de la idea de la *justa generosidad* requiere ser fundamentada en todo el entramado de virtudes aristotélicas, que hacen moralmente bueno al ser humano en el marco antropológico de la vulnerabilidad.

Además, es importante que se propicien las circunstancias adecuadas para que se lleve a cabo la práctica de la «gratitud». En efecto, como nos indica MacIntyre, es importante evitar el cálculo en el momento de llevar a cabo una decisión moral donde esté implicada la fragilidad humana. El sentido en el que advierte esto es la imposibilidad de esperar una proporcionalidad exacta entre lo que se da y lo que se recibe. De este modo, no es posible calcular lo que uno debe dar a partir de lo que uno ha recibido.

La virtud de la magnanimidad (*megalopsychia*) en el contexto de la vulnerabilidad y de las disposiciones para el agradecimiento

La cuestión en la que Aristóteles se aleja más de la experiencia de la condición vulnerable como génesis de la «vida virtuosa» es la interpretación del llamado *megalopsychos*, que podríamos traducir como el *magnánimo* u «hombre de alma grande», como modelo de ser virtuoso. Esta explicación del Estagirita, sin embargo, contrasta fuertemente con otros planteamientos suyos que expresan la importancia de la virtud del agradecimiento (Curzer 1990, 517-537; 1991, 131-151; Kristjánsson 2015, 499-511).

Esta forma aristotélica de pensar sobre el *megalopsychos* es criticada por Alasdair MacIntyre introduciendo su idea de «dependencia» en el modelo de virtud (MacIntyre 2001). Así, para el Estagirita, la excelencia en la búsqueda de la virtud estaría necesariamente en contraposición de toda imperfección, vulnerabilidad o fragilidad de la existencia humana. Por el contrario, se puede deducir de los escritos de Alasdair MacIntyre, que esta interpretación del *megalopsychos* aristotélico no es un impedimento para mantener un esquema fundante en el filósofo griego para el desarrollo de una ética de la vulnerabilidad.

La crítica de MacIntyre al concepto aristotélico de *megalopsychos* se basa en lo que dice Aristóteles de que

> [el magnánimo] se avergüenza de recibir favores, porque es un rasgo de alguien superior otorgar favores, mientras que lo característico de alguien inferior es recibirlos (Aristóteles 2010, IV, 3, 1124b 9-10).

Es por ello, que a ese tipo de «hombre virtuoso» no le gusta que otros le recuerden los beneficios recibidos y, en cambio, evoca con gusto los dones que él mismo va otorgando. Por tanto, podría decirse que el concepto de *megalopsychos* que nos llega de Aristóteles corre el peligro de aislarse de los demás seres humanos, fomentando una autonomía que velaría más por su propio interés que por el beneficio de los otros, y en ello juega un papel importante la vanidad, o una suerte de «exceso de orgullo» (Kristjánsson 1998, 397-422; 2001, 165-178).

Sin embargo, entre los estudiosos de Aristóteles han surgido otras aproximaciones a la idea de *megalopsychia*, fundadas en los clásicos comentadores de esta cuestión aristotélica y en la evolución de este término en las obras del propio Estagirita. En tales estudios, se resalta un cierto alejamiento del filósofo griego de una de las ideas comunes de *magnanimidad* de su tiempo, la cual estaba estrechamente relacionada con el «orgullo» y con el merecimiento de bienes externos, sobre todo con el honor (Irwing 1999, 195-217; Pakaluk 2004, 241-275). Además, Aristóteles ve todo esto desde la idea de la *magnanimidad* como la virtud perfecta para la vida de la polis.

Todo lo que venimos indicando muestra cómo Aristóteles establece un fundamento realista para la virtud de la *magnanimidad*. En efecto, la finalidad de las acciones de este tipo no está en lo que uno cree que se merece, sino en lo que es realmente digno de ese merecimiento: hacer el *bien*, aunque no siempre se tenga éxito. Además, se puede decir que para el Estagirita el *magnánimo* aristotélico posee una serie de rasgos propios causados por su aspiración a la excelencia de la vida virtuosa que es lo que se ha visto como «grandeza de corazón» (Pakaluk 2004, 241-275; Aristóteles 2010, IV, 2, 1122b 35 – 1125a 30).

En la *magnanimidad* que propone Aristóteles en la *Ética a Nicómaco* no basta con saberse merecedor de ciertos honores, sino que debe haber un deseo manifiesto y efectivo de poseerlos (Irwin 1999, 195-217). Esto puede ser el caso aun cuando el ser humano virtuoso se vea impedido de recibir tales honores, porque el hecho de obtenerlos va en contra del desapego de los bienes externos.

De este modo, lo dicho anteriormente nos lleva a comprender que, desde la perspectiva aristotélica, aun el ser más avanzado en la vida virtuosa debe reflexionar sobre sus «limitaciones morales», impuestas por su propio deseo humano de aspirar a «grandes cosas» en este mundo. Así, este examen de los propios propósitos debe realizarse siempre, aunque aquello a lo que se aspira en la vida, como ya nos ha indicado Platón, sea considerado como lo *bello*, es decir algo inconmensurablemente *bueno*.

La aparición de esta especie de «límite moral» en la virtud de la magnanimidad, intrínseco al ejercicio de ella misma, no es un punto negativo en la propuesta de Aristóteles sino, más bien, un signo del realismo de su filosofía moral. Ciertamente, que la magnanimidad como virtud aristotélica posea algunas limitaciones inherentes a ella misma en el momento de ser encarnada por el ser humano, revela el carácter realmente práctico de la propuesta del Estagirita (Montoya Camacho y Giménez Amaya 2024, 129-130).

Además, esta condición de fragilidad forma parte de lo que se viene indicando en este capítulo: toda búsqueda o intento de desarrollo de la idea de «perfección» en este mundo, se enfrenta necesariamente con los límites impuestos por la condición contingente del ser humano. En otras palabras, no existe un ser humano virtuoso de manera perfecta y esto se debe a condiciones que están más allá de la decisión personal de vivir una vida *buena*.

Como hemos visto anteriormente, las limitaciones de la concepción aristotélica del *megalopsychos* se manifiestan cuando, por ejemplo, alguien recibe con «torpeza moral» los bienes y favores que otros le ofrecen (Aristóteles 2010, IV, 3, 1124b 9-10). Esto se puede atribuir a que al magnánimo le molesta no el favor que recibe, sino el hecho de haber necesitado tales bienes (Irwin 1999, 195-217; Kristjánsson 2015, 499-511). Además, el *magnánimo* tiene la posibilidad de caer en la vanidad por el empuje del deseo del honor. Como afirma el mismo Aristóteles:

> los vanidosos son necios e ignorantes de sí mismos, y esto es manifiesto [...], desean que su buena fortuna sea conocida de todos, y hablan de ella creyendo que así serán honrados. Pero la

pusilanimidad es más opuesta a la magnanimidad que la vanidad, ya que es más común y peor.
La magnanimidad, pues, está en relación con los
grandes honores, como se ha dicho (Aristóteles
2010, IV, 3, 1124b 20-35).

Como ha indicado Alasdair MacIntyre, observamos un límite patente de la condición humana; una especie de lastre de «autosuficiencia»
que, considerado con detenimiento, aqueja a
todo ser humano, y no solo a los ricos o poderosos, como parece sugerir el filósofo británico
(MacIntyre 2001).

Todo esto, por supuesto, hace que sea muy
difícil encontrar en las obras de Aristóteles, un
discurso nítido sobre la «gratitud» como aspecto fundamental de la vida moral, aun cuando
el Estagirita cuente con todo lo necesario para
desarrollarlo (Kristjánsson, 2015: 503-510). A
este respecto, entendiendo que para establecer
la «justa generosidad» se requieren «gratuidad»
y «gratitud»[8], podría parecer que quien esté más
dispuesto a vivir la *magnanimidad socrática* pue-

8. Entendemos por «gratuidad» la característica de lo
gratuito y por «gratitud» la actitud de agradecer el don recibido (Cruz 2015).

de aportar mucho más a las personas que forman una determinada comunidad. Sin embargo, esto no debe tomarse como algo absolutamente necesario, como veremos en el apartado final de este capítulo (Montoya Camacho y Giménez Amaya 2024, 130).

5

Virtud, cuidado y *justa generosidad*

La *justa generosidad* de Alasdair MacIntyre y el *megalopsychos* aristotélico

En *Animales racionales y dependientes: por qué los seres humanos necesitamos las virtudes* (2001), Alasdair MacIntyre corrige una limitación presente en el desarrollo de todo su proyecto After Virtue: la suposición de que es posible una ética desvinculada de la biología. Reconociendo que los seres humanos son, en su raíz, animales racionales dependientes, replantea la fundamentación de las virtudes, situándolas en el contexto de la vulnerabilidad, la reciprocidad y el cuidado mutuo.

Las virtudes no son solo hábitos que conducen a bienes internos de prácticas sociales, sino también medios esenciales para el tránsito del ser humano desde una dependencia radical —especialmente en la infancia o vejez, y en situaciones de fragilidad biológica en general— hacia una autonomía práctica. Esta autonomía no se define como independencia absoluta, sino como capacidad de deliberación moral entre los miembros pertenecientes a una comunidad (Montoya Camacho y Giménez Amaya 2025a, 139-140).

Entre estas virtudes, MacIntyre destaca la *justa generosidad*, que permite al ser humano dar sin reservas y recibir con dignidad. Esta virtud articula otras virtudes como la justicia y la misericordia, permitiendo que se atiendan las necesidades de los otros sin cálculo ni parcialidad. En esta *justa generosidad* se sintetiza una disposición racional y afectuosa hacia el bien común.

La comunidad que propone el filósofo británico no se funda en vínculos contractuales, ni en la suma de intereses individuales, sino en una estructura ética compartida que reconoce la vulnerabilidad y la dependencia humanas. En particular, realidades como el envejecimiento, la enfermedad o la muerte revelan la necesidad constitutiva que tenemos unos de otros para afrontar estas experiencias (Conferencia Episcopal Española 2020). De hecho, estas situaciones vitales del ser humano lejos de marginarlo, lo integran como principios organizadores en la vida comunitaria (Montoya Camacho y Giménez Amaya 2025b).

Frente al ideal aristotélico del *megalopsychos* —traducido como el magnánimo que, por orgullo, rechaza toda ayuda de los demás—, MacIntyre contrapone una figura ética que abraza la interdependencia y el cuidado de los otros. Este *megalopsychos*, tal como lo describe el Estagirita, se avergüenza de recibir favores y valora más el dar que el recibir. Esta actitud, para MacIntyre, encarna una peligrosa ilusión de autosuficiencia y representa, en definitiva, una deformación moral.

Por el contrario, la virtud de la *justa generosidad* nace del reconocimiento de que nadie es completamente autosuficiente y su sentido, como nos hace ver MacIntyre, se esclarece al analizar el término *wancantognaka*, propio de la lengua lakota (pueblo nativo americano, parte de la gran familia lingüística Siux). Esta palabra expresa la doble dimensión de la justicia y la generosidad, y remite a la responsabilidad mutua dentro de una comunidad: cada miembro tiene el deber de contribuir al bien colectivo y de reconocer lo que ha recibido de los demás (MacIntyre 2001, 142-143).

Esta virtud también encuentra eco en el pensamiento de Tomás de Aquino, donde se combina con la caridad y la misericordia. Dar sin medida no es un gesto aislado, sino una exigencia racional fundada en tres principios: primero, que todo ser humano merece cuidado por su dignidad; segundo, que esa consideración básica es una exigencia mínima de justicia; y tercero, que aliviar el sufrimiento ajeno también atenúa el propio, generando vínculos de compasión.

La *justa generosidad* y la virtud de la misericordia

No obstante, MacIntyre advierte que este planteamiento no es suficiente si no se reconoce el carácter racional de la *justa generosidad*. Esta virtud, lejos de reducirse a un impulso sentimental, debe ser guiada por la prudencia y orientada a la acción moral deliberada. De ahí su interés por la misericordia, que Tomás de Aquino define como una virtud cristiana y no como una emoción pasajera.

Frente a concepciones como la de Hume —para quien la misericordia es una emoción— o Kant —que la relega a un sentimiento sin relevancia moral—, MacIntyre retoma la perspectiva tomista: la misericordia es una virtud racional, fruto de la caridad, que impulsa a la acción en favor del otro, especialmente del más necesitado.

Este impulso ético se manifiesta incluso en ausencia de vínculos personales. La misericordia se ejerce en contextos de extrema necesidad, sin importar la pertenencia comunitaria de quien la recibe. En consecuencia, exige una comunidad abierta, que no se cierre en sus propios valores o prácticas, sino que se disponga a acoger al extraño. Cuando una comunidad se vuelve autorreferencial y se niega a atender al que está fuera de sus límites, corre el riesgo de autodestruirse.

De ahí que MacIntyre señale que, sin virtudes como la *justa generosidad* o la deliberación común, las comunidades se corrompen. La estrechez de miras, el juicio hacia los extraños y el culto a sí mismas derivan en deformaciones que amenazan su integridad.

Por esta razón, la hospitalidad es una consecuencia natural de la misericordia. No se trata solo de un afecto acogedor, sino de una actitud ética que implica deliberación y prudencia. La hospitalidad rompe con la lógica del interés propio o de la pertenencia, y permite repensar políticamente qué es lo bueno para todos. Se convierte así en una virtud política, no solo interpersonal (Montoya Camacho y Giménez Amaya 2025a, 139-154).

Este enfoque lleva a MacIntyre a rechazar la dicotomía estricta entre los vínculos personales y

la responsabilidad hacia desconocidos en situación de sufrimiento. En momentos de necesidad
extrema, la *justa generosidad* exige priorizar el
cuidado del otro vulnerable, sin que importe si es
parte de nuestra familia, nación o cultura.

La *justa generosidad* y el bien común

A partir de este análisis, se pueden destacar
dos ideas clave sobre la relación entre la *justa generosidad* y el bien común. En primer lugar, MacIntyre entiende la *justa generosidad* como una virtud
en sentido pleno, cuyo fruto más característico es
la constitución de comunidades sólidas, basadas
en la reciprocidad y el cuidado mutuo. Estas realidades sociales se perfeccionan al trascender sus
propios límites y acoger al otro, especialmente al
necesitado (Montoya Camacho 2025, 1-23).

En segundo lugar, el bien común no se agota
en el intercambio justo dentro de esa comunidad,
sino que implica una apertura a la pluralidad y a
la deliberación política sobre los bienes concretos
que sostienen la vida común. Se trata de bienes
particulares compartidos, sobre los que se discute
y se actualizan colectivamente.

Este concepto de bien común requiere de
ciertas disposiciones éticas y políticas por parte de

los ciudadanos: apertura al diálogo, compromiso con los más vulnerables, y capacidad de deliberar sobre las estructuras sociales que mejor encarnan la justicia y la inclusión. La comunidad ideal, según Alasdair MacIntyre, es aquella que da cabida a actividades tan diversas como el trabajo, la vida familiar, el ocio, la escuela, la asistencia sanitaria, incluso la práctica religiosa, todas ellas siempre fundamentadas en la dignidad de la persona humana, especialmente de los más frágiles.

Esto nos lleva finalmente a una reflexión sobre la justicia y la amistad como fundamentos de la *justa generosidad* en el contexto de la vulnerabilidad humana. La justicia, para el filósofo anglosajón, no es simplemente equidad legal, sino atención a necesidades reales. La amistad, por su parte, enseña a dar y a recibir sin cálculo, y es un espacio donde se aprende el valor moral de la atención y del cuidado. Sin estas virtudes, no es posible construir comunidades orientadas al bien común.

En resumen, la *justa generosidad* articula justicia, misericordia y hospitalidad[9] dentro de un

9. Esta palabra, *hospitalidad*, la emplea Alasdair MacIntyre específicamente. En nuestra opinión indica de una manera muy clara qué significa atender y cuidar al

marco de deliberación práctica compartida. Representa una respuesta moral a la vulnerabilidad humana y una propuesta concreta para construir comunidades abiertas, justas y solidarias (Montoya Camacho y Giménez Amaya 2025a, 139-154).

Justicia y amistad como fundamentos de la *justa generosidad* en Alasdair MacIntyre

El concepto de *justa generosidad* en Alasdair MacIntyre surge a partir de la interrelación entre vulnerabilidad, justicia y amistad. En *Animales racionales y dependientes: por qué los seres humanos necesitan las virtudes* (2001), nuestro autor profundiza en la dimensión comunitaria o social del ser humano reconociendo que nuestra dependencia psicobiológica no es un defecto que deba superarse, sino una condición constitutiva que orienta la vida moral y social. Desde esta perspectiva, justicia y amistad no son simples vínculos sociales, sino los fundamentos necesarios para que surja una vida buena en común.

próximo. Desde esta perspectiva, es indudable que tiene una reminiscencia bíblica.

Para MacIntyre, y siguiendo a Aristóteles, no basta con que las comunidades se rijan por normas o acuerdos contractuales. Las personas no se asocian solo para sobrevivir o intercambiar bienes, sino para «vivir bien», es decir, alcanzar la plenitud moral en comunidad. La polis en la antigua Grecia —un Estado autónomo constituido por una ciudad y un pequeño territorio— se sostiene sobre dos pilares: la justicia y la amistad. En ausencia de estas virtudes, la comunidad no puede subsistir éticamente.

MacIntyre recupera esta visión clásica, pero la adapta a la realidad contemporánea, integrando la experiencia de la dependencia y de la discapacidad. En su modelo de sociedad política ideal, todos los miembros en algún momento de sus vidas experimentan formas de dependencia. Por tanto, el cuidado de los más vulnerables no es tarea de unos pocos, sino la responsabilidad de todos en la comunidad. Esta corresponsabilidad es lo que fundamenta el bien común (Montoya Camacho y Giménez Amaya 2025a, 139-154).

La vulnerabilidad humana, lejos de ser una limitación, puede convertirse en motor de cooperación entre los seres humanos. Reconocer la fragilidad propia y ajena permite articular relaciones de reciprocidad que dan sentido a la vida moral. Así, MacIntyre propone que la justicia y la amistad se desarrollen en torno a tres formas concretas de actividades humanas que compensan la situación de vulnerabilidad y que detallamos a continuación.

1. Individual. El propio sujeto, a través de hábitos virtuosos y la adquisición de una *segunda naturaleza*, puede transformar su fragilidad en ocasión de crecimiento moral. Virtudes como la prudencia y la justicia le permiten incorporar la vulnerabilidad en sus decisiones y acciones. La prudencia, como virtud rectora, guía al individuo en el justo medio y en el reconocimiento del otro como sujeto moral. La conexión entre prudencia y justicia se da también en lo político, pues solo desde la deliberación práctica es posible identificar y construir el bien común.

2. Interpersonal. En la reciprocidad entre individuos, la vulnerabilidad compartida se convierte en la base de relaciones de justicia y amistad. La persona da y recibe bienes materiales, afectivos y simbólicos, no por cálculo, sino por reconocimiento mutuo. Inspirado en Aristóteles, MacIntyre considera la amistad como un espacio de aprendizaje moral, esto es, el cuidado hacia el otro no es una carga, sino una vía de perfeccionamiento ético. Incluso aquellos que no pueden de-

volver lo que reciben (niños, ancianos, enfermos) enseñan a los demás el valor de la entrega y de la responsabilidad compartida.

3. Comunitario. El cuidado prestado a los más frágiles —aunque no puedan corresponder— perfecciona al agente moral. Quien cuida al necesitado se transforma moralmente porque reconoce en el otro su propia vulnerabilidad. Este tipo de acciones supera la lógica del intercambio y se inscribe en una ética de la generosidad desinteresada. En este plano, la amistad y la misericordia convergen, de tal modo que esta última se aprende y se practica con los amigos, y permite sostener una comunidad abierta a los más necesitados.

Relaciones sociales más allá del marxismo

MacIntyre retoma críticamente elementos del pensamiento marxista para reforzar su concepción de justicia. Reconoce que las formulaciones de Marx —«a cada cual según sus capacidades, a cada cual según sus necesidades»—, aunque utópicas, deben servir como criterios orientadores de una política justa (Marx 1977; Ocáriz 1980; Brague 2024). No se trata de imponer un ideal marxista, sino de comprender que el reconocimiento de la vulnerabilidad exige una distribución justa de cargas y beneficios, basada en la reciprocidad y en el cuidado mutuo.

El filósofo moral anglosajón señala que el fracaso del marxismo histórico no está en sus principios de justicia, sino en su implementación autoritaria y en su visión materialista del ser humano. Por eso, la propuesta de MacIntyre no busca instaurar un «reino de justicia» absoluto, sino orientar la vida social de los seres humanos a partir de una comprensión compartida entre ellos del bien, de las reglas y de las virtudes. Dicha comprensión implica la obediencia a la ley natural, el reconocimiento de la dignidad de cada persona y el cultivo principalmente de las denominadas como *virtudes cardinales* en la tradición cristiana.

En este marco, la *justa generosidad* no es solo una virtud interpersonal, sino también política. Se manifiesta tanto en relaciones particulares como en la estructuración misma de la comunidad política. Supone una apertura a deliberar racionalmente sobre lo que es bueno para todos, especialmente para los más frágiles. Por eso, no puede haber razonadores prácticos que no sean también razonadores políticos. Participar en la vida comunitaria implica aprender a deliberar sobre los bienes comunes, y esto exige virtud.

La comunidad ideal, según MacIntyre, será aquella que permita el desarrollo integral de las personas en contextos diversos, como en el caso de la familia, del trabajo, de la educación, de la sanidad, de la religión, del ocio, etc. Todos estos espacios vitales deben estar regidos por el respeto, la inclusión y la misericordia, especialmente hacia los más vulnerables: niños, enfermos, ancianos, migrantes, etc.

En síntesis, MacIntyre redefine la justicia y la amistad en clave de vulnerabilidad. Estas virtudes no solo estructuran la vida moral del individuo, sino que permiten construir comunidades sólidas, abiertas y compasivas. La *justa generosidad* representa la síntesis de este planteamiento, ya que es una virtud personal y política basada en la interdependencia, y que permite transformar la fragilidad humana en fuente de sentido moral y político. Lejos de la autosuficiencia del *megalopsychos* aristotélico o de la utopía materialista del marxismo, MacIntyre propone una ética realista y encarnada, fundada en el cuidado mutuo, la deliberación compartida y el reconocimiento de que todos, en algún momento, necesitamos ser sostenidos por los demás.

6

Epílogo

A lo largo de estas páginas hemos recorrido un itinerario filosófico que parte de la constatación de nuestra fragilidad corporal —la vulnerabilidad que perdura desde el inicio hasta el fin de nuestra existencia— y nos lleva a reconocer en ella la matriz esencial de toda vida moral auténtica. Hemos visto cómo Alasdair MacIntyre, retomando y reelaborando la ética de la virtud aristotélica y tomista, introduce la condición animal y dependiente del ser humano como requisito previo para la comprensión de la virtud; y cómo, desde este punto de partida, construimos una antropología finalista de la vulnerabilidad que subraya la importancia de la reciprocidad, el cuidado y la *justa generosidad*. En este epílogo queremos resaltar tres grandes conclusiones: primero, que la vulnerabilidad no es un obstáculo a la vida moral, sino su fundamento viviente;

segundo, que sólo la virtud nacida del reconocimiento de nuestra fragilidad puede sostener
comunidades humanas verdaderamente justas; y
tercero, que el cuidado mutuo, inspirado por esa
vulnerabilidad compartida, abre el camino hacia
una vida humana plena de sentido.

La vulnerabilidad como condición de posibilidad de la virtud

La tentación más extendida en la modernidad
ha sido asumir nuestra dependencia como una
carga que debe al tiempo ocultarse y combatir
con todos los medios tecnológicos y biomédicos
disponibles. Sin embargo, hemos argumentado
aquí que ese afán por la autosuficiencia conduce
a concebir la vida moral en clave funcionalista o
emotivista, donde el valor de nuestras acciones
queda reducido a los resultados o a las emociones que despiertan. Frente a ello, la antropología
de la vulnerabilidad propone que la corporalidad
frágil del ser humano es, lejos de un escollo, el
estímulo primordial para el surgimiento de las
virtudes. En efecto, sólo quien ha experimentado
la dependencia sabe reconocerla en los demás y,
a partir de ese reconocimiento, forjar hábitos de

cuidado, de gratitud y de compasión. La vulne-rabilidad, en este sentido, no puede suprimirse: es el sustrato irreductible de toda relación moral auténtica.

Al contemplar nuestro propio cuerpo y nues-tras propias limitaciones, descubrimos también la finitud y la contingencia de la existencia humana (Vicente 1990, 113-143; O'Callaghan 2004; Fuchs 2023, 57-71; Murillo 2024). Esta experiencia, lejos de paralizarnos, nos impulsa a ejercitar la prudencia y la fortaleza, virtudes que nos permi-ten afrontar con equilibrio la incertidumbre y el dolor. La misma *contingencia biológica* que nos hace reconocer el paso del tiempo, la enferme-dad o la muerte deviene ocasión de profundizar el autoconocimiento y la solidaridad. En lugar de entender la fragilidad como una anomalía que ha de corregirse, la elevamos a categoría filosófica: la vulnerabilidad resulta la escuela de la virtud.

La *justa generosidad* y la construcción de comunidades humanas

Desde la perspectiva de MacIntyre, hemos visto que la adquisición de virtudes sólo puede entenderse dentro de *prácticas* sociales, *narracio-*

nes que nos integran en una historia común y *tradiciones* que nos transmiten un horizonte de bienes internos. Si a esto le añadimos la condición de
animales dependientes, descubrimos que el *ethos*
comunitario debe fundarse en la justa generosidad: es decir, en la disposición a dar sin cálculo
estricto y a recibir con dignidad, sin avergonzar-
nos de nuestra fragilidad. La justicia deja de ser
mera equidad distributiva y se convierte en el arte
de atender las necesidades reales de las personas,
particularmente de las más vulnerables; mientras
que la amistad —esa forma profunda de relación
interhumana— se afirma como la escuela donde
aprendemos a compartir bienes, a recorrer juntos
el camino de la vida y a acoger el otro aún en su
inhabilidad para correspondernos.

La *justa generosidad*, en este marco, no es
un gesto humanitario aislado, sino la virtud que
cohesiona la polis: una polis entendida no como
mero Estado burocrático, sino como comunidad moral que acoge a niños, ancianos, enfermos y peregrinos. En tal comunidad, hospitalidad y misericordia no son lujos sentimentales,
sino imperativos racionales: quien reconoce su
propia necesidad sabe que todos, sin excepción,
transitamos por momentos de debilidad. De este
modo, el bien común se redefine como aquel que

no olvida a ninguno de sus miembros ni sacrifica su cuidado en aras de intereses económicos o políticos. La *justa generosidad* se vuelve brújula para la acción pública y privada, orientando nuestras leyes, nuestras instituciones y nuestro trato cotidiano.

Hacia una ética encarnada: implicaciones y desafíos

Si aceptamos que la vulnerabilidad es la condición de posibilidad de la virtud, surge inmediatamente una responsabilidad: no podemos ignorar las estructuras materiales y sociales que agravan o alivian la fragilidad humana. La preocupación por el envejecimiento digno, por el acceso a cuidados sanitarios, por la atención paliativa o por la inclusión de las personas con discapacidad, deja de ser un asunto meramente técnico para convertirse en un imperativo moral. Reconocer la vulnerabilidad implica cuestionar prioridades sociales, destinar recursos a quienes más lo necesitan y repensar nuestras prácticas educativas para cultivar desde la infancia la capacidad de compasión y de reciprocidad auténtica.

Asimismo, la llamada a la justicia y a la amistad nos desafía a superar la lógica del intercambio utilitarista y a promover formas de vida comunitaria donde cada persona se sienta valorada en su singularidad. Esto exige revivir espacios públicos de deliberación —iglesias, foros cívicos, asociaciones locales— donde podamos escuchar las historias de todos y jerarquizar bienes comunes a la luz de nuestra finitud compartida. Nos llama a repensar el modo en que concebimos el progreso: no tanto como crecimiento económico o avance tecnológico, sino como profundización de nuestra capacidad de cuidarnos mutuamente.

Finalmente, esta ética encarnada nos insta a reconocer que la vida virtuosa no es un logro personal exclusivamente, sino un recorrido colectivo. La grandeza moral no consiste en la autosuficiencia orgullosa de la «alma grande» aristotélica, sino en la humildad de quien sabe que su grandeza se fundamenta en la fragilidad y en el apoyo recíproco. En este horizonte, la magnanimidad encuentra su mejor encarnación en la disposición a recibir ayuda sin avergonzarse y a ofrecerla sin esperar recompensas. El sujeto moral auténtico, entonces, no es quien se erige por encima de los demás, sino quien, fortalecido por sus propias limitaciones, se abre al servicio desinteresado.

En conclusión, la antropología de la vulnerabilidad que aquí hemos esbozado no es una llamada a resignarnos ante la debilidad, sino una invitación a redescubrirla como el crisol de la virtud. Al integrar en nuestro juicio moral la experiencia de la fragilidad propia y ajena, construimos comunidades más justas, amistades más sólidas y una cultura pública más compasiva. En última instancia, reconocer que somos vulnerables nos abre a una vida humana más plena de sentido, pues nos recuerda que sólo en la interdependencia hallamos la verdadera libertad y que, al cuidarnos mutuamente, damos forma a una existencia digna de nuestra naturaleza racional y social.

7

Glosario

A continuación, y sin pretender ser exhaustivos, presentamos un glosario de algunos de los términos que nos parecen más importante retener del trabajo que hemos expuesto. Nos hemos detenido brevemente en cada uno de ellos, de tal manera que la lectura de la explicación ayuda a contextualizar su utilización en cada capítulo.

Biología metafísica. En el sentido que rescata Alasdair MacIntyre, la *biología metafísica* alude a la concepción aristotélica de los seres vivos como entidades teleológicas: organismos cuya forma y funciones internas apuntan a un fin propio (*entelequia*). Para Aristóteles, la materia del cuerpo humano sólo adquiere su pleno sentido en virtud de su forma racional, otorgándole una finalidad natural (*eudaimonía*, felicidad en el ejercicio de las virtudes). MacIntyre retoma esta idea de *biología metafísica* para subrayar que, frente a posturas que disocian lo ético de lo corpóreo, la dimensión biológica humana implica una condición de vulnerabilidad y dependencia, y configura el punto de partida necesario para comprender la justicia, la amistad y lo que él denomina la *justa generosidad* (véase, también, la voz correspondiente en este glosario).

Contingencia biológica. La *contingencia biológica* alude a la condición de fragilidad y dependencia que caracteriza a todo ser vivo. Está fundada en tres ejes: (a) la filosofía de la «vida» de Aristóteles: en ésta, la vida se muestra como el acto de un ente cuya forma organiza la materia hacia un fin; sin embargo, esa realización vital está siempre abierta a variaciones accidentales (enfermedad, envejecimiento, la muerte) que pueden truncar su perfección; (b) la metafísica de Tomás de Aquino: en la que la materia y la forma (*hylē y morphḗ*) configuran un compuesto cuya subsistencia no es necesaria, sino un don contingente de Dios (*vid. Summa Theologiae* I, q. 76, a. 1–2, y *Comentario a la Metafísica de Aristóteles* [lib. Z]); por tanto, la base corporal de la vida humana implica un riesgo ontológico; (c) el pensamiento ético de Alasdair MacIntyre: que retoma la fragilidad antes indicada para mostrar que la ética de las virtudes nace de la dependencia recíproca y exige las prácticas sociales del cuidado, de la amistad y de la *justa generosidad*, como respuesta a nuestra vulnerabilidad biológica.

Cuidado. La idea de cuidado, desde el punto de vista integrador de la filosofía de la vida, de la metafísica y de la ética, se compone de tres partes: (a) desde el punto de vista de Aristóteles, el cuidado (*therapeía*) como actividad teleológica, persigue la preservación y perfeccionamiento de la vida mediante la atención de las funciones corporales (nutrición, crecimiento) y el cultivo de la felicidad (*eudaimonía*) a través de la virtud práctica; (b) desde la perspectiva de la metafísica de Tomás de Aquino, el cuidado surge del orden divino que sustenta la materia y la forma; la provisión, la protección y la orientación de la criatura al fin último (*beatitud*) son actos de la caridad de Dios, que se modelan en la responsabilidad humana hacia los demás; (c) Alasdair MacIntyre retoma esta herencia para mostrar que la práctica ética nace de nuestra vulnerabilidad y dependencia mutua, demandando comunidades de cuidado donde la *justa generosidad* y la amistad reparan, sostienen y orientan la vida virtuosa. Por tanto, el cuidado, especialmente en la ética de este filósofo moral británico, puede entenderse como una práctica social y moral que surge de nuestra vulnerabilidad y dependencia mutuas. Implica atenciones recíprocas —físicas, intelectuales y emocionales o afectivas— fundamentadas en virtudes como la piedad, la generosidad y la justicia. El cuidado no es una mera asistencia al otro, sino un modo de vida social que sostiene la formación de identidades éticas y tradiciones compartidas. A través de instituciones y prácticas de este cuidado (familia, amistad, comunidades profesionales), se articulan obligaciones y reciprocidades que permiten el florecimiento de la virtud en un entorno social.

Dependencia. La dependencia en la ética de Alasdair MacIntyre se refiere a la condición constitutiva del ser humano como «animal racional dependiente». Es una vulnerabilidad ontológica que nace de nuestra naturaleza corporal y de nuestra finitud biológica, las cuales nos impiden bastarnos completamente a nosotros mismos. Esta fragilidad exige redes de cuidado: prácticas sociales institucionalizadas (en la familia, a través de la amistad, en las actividades comunitarias) que aportan sustento, aprendizaje y protección. De esta forma, la dependencia no se ve como defecto, sino como origen de la vida moral: al reconocer que confiamos en otros para vivir y crecer, surge la reciprocidad y el desarrollo de virtudes —piedad, justicia, generosidad— que sustentan la vida lograda. La dependencia configura el punto de partida ético de MacIntyre, el cual subraya que sólo en comunidad y mediante vínculos de cuidado puede florecer la vida virtuosa.

Emotivismo. El emotivismo, siguiendo al filósofo Alasdair MacIntyre, se entiende como la tesis según la cual los juicios morales no describen hechos ni implican razones racionales, sino que expresan meramente las emociones o actitudes de quien los emite. Para MacIntyre (especialmente en su libro *Tras la virtud*), el emotivismo caracteriza la actitud moral moderna: al carecer de una tradición compartida y de fines teleológicos comunes, el discurso ético degenera en declaraciones de gusto o de aprobación personal (por ejemplo, «¡esto está bien!») sin fundamentarlas en una concepción coherente de la naturaleza humana o de la comunidad. Este vacío racional genera desacuerdos irresolubles y dificulta la formación de virtudes, pues no existe un criterio objetivo que oriente la acción de forma narrativa hacia el bien común.

Expresivismo. El *expresivismo* en las teorías éticas modernas es una postura metaética según la cual los enunciados morales no describen atributos objetivos del mundo, sino que sirven para manifestar o comunicar las actitudes, emociones y disposiciones valorativas de quien los enuncia. De este modo, decir «ayudar al prójimo es bueno» equivale a expresar aprobación o deseo de promover esa conducta, no a describir un hecho moral independiente. El *expresivismo* moderno enfatiza la dimensión pragmática y social del lenguaje ético: indica que su función principal es orientar la acción y coordinar comportamientos dentro de una comunidad. Su objetivo pretende ser articular normas compartidas. La justificación moral, desde esta perspectiva, se basa en la coherencia interna de nuestras actitudes y en su encaje con las convenciones sociales, más que en hechos naturales o absolutos. Puede verse también análogo a la descripción hecha anteriormente del emotivismo según Alasdair MacIntyre.

Fragilidad. La fragilidad, en las teorías filosóficas y éticas modernas, designa la condición inherente de vulnerabilidad y provisionalidad que caracteriza la existencia humana. Implica reconocer que nuestros proyectos, cuerpos y relaciones pueden verse interrumpidos por contingencias (enfermedad, pérdidas de diverso tipo, injusticias, etc.) y que esa apertura al daño o al fracaso funda demandas morales de respeto, cuidado y solidaridad. Autoras como Martha Nussbaum destacan la fragilidad como base para la justicia fundada en las capacidades humanas, mientras la ética del cuidado subraya la responsabilidad que surge al atender nuestra dependencia mutua (Nussbaum 2015). En el marco de la filosofía contemporánea (Lévinas), la fragilidad también revela la dimensión relacional de la subjetividad: somos responsables de la alteridad frágil del otro. Así, valorar la fragilidad es orientar la acción ética hacia la protección, la reparación y el reconocimiento de nuestra mutua vulnerabilidad.

Intencionalidad corpórea. La *intencionalidad corpórea* designa la tendencia inherente de las capacidades corporales del ser humano a orientarse hacia fines internos de las prácticas virtuosamente constituidas. Bajo esta perspectiva, el cuerpo no es un mero instrumento de la voluntad, sino un agente activo cuyas disposiciones psicofísicas y emocionales han sido formadas en contextos comunitarios que se orientan hacia un fin procedente de la naturaleza. En la ética de MacIntyre, por ejemplo, nuestras habilidades corporales —como la destreza en un oficio o la expresividad en el arte— están impregnadas de significados morales y dirigen la acción hacia los bienes internos de la práctica correspondiente. Reconocer la *intencionalidad corpórea* implica poner en valor la dimensión corporalmente encarnada de la decisión ética y la formación de virtudes mediante actividades orgánicas que acompañan a los hábitos humanos adquiridos en una tradición.

Justa generosidad. La *justa generosidad* en la ética contemporánea, como la articula Alasdair MacIntyre, es la virtud que integra la justicia y la misericordia en respuesta a nuestra vulnerabilidad mutua. Surge cuando, reconociendo la dependencia recíproca, damos de modo equilibrado: ofreciendo bienes materiales, tiempo y afecto, sin exceder lo que permiten nuestras propias responsabilidades ni ignorar las necesidades ajenas. No es un impulso espontáneo ni un puro altruismo, sino una práctica institucionalizada y moldeada por tradiciones morales que orientan la reciprocidad. Al aplicar criterios de «justicia» (distribución equitativa) y de «generosidad» (abundancia afectiva), esta virtud sostiene las redes del cuidado y de la amistad que hacen posible la vida buena dentro de una comunidad.

Moralidad. La *Moralidad* en el sentido crítico de Alasdair MacIntyre (especialmente en su libro *Tras la virtud*) es el conjunto de normas y dicotomías (bien/mal, deber/permiso) heredado del proyecto de la Ilustración, pero desprovisto de un trasfondo teleológico y de una narrativa compartida. Para MacIntyre, este tipo de moralidad moderna funciona como un código abstracto de reglas derivadas de principios universales (autonomía, derechos, etc.), aplicado de modo «emotivista»: expresa preferencias o sentimientos individuales en lugar de guiar hacia un fin humano común. Al faltarle una tradición coherente que otorgue significado y finalidad a la acción, dicha *Moralidad* degenera en un discurso de aprobación o condena meramente emotivo, incapaz de resolver conflictos profundos o de nutrir las virtudes necesarias dentro de la comunidad.

Narrativa. La narrativa en el pensamiento de Alasdair MacIntyre es la estructura de relatos internos y compartidos mediante los cuales las personas entienden quiénes son y cómo orientan

sus acciones hacia fines moralmente significati-
vos. Cada sujeto se sitúa dentro de una «historia»
teleológica propia, en la que los acontecimientos
de su vida adquieren sentido al conectar proyectos pasados, presentes y futuros. A su vez,
las tradiciones sociales ofrecen grandes tramas
narrativas que configuran prácticas, virtudes y
criterios de excelencia. Así, la ética no es sólo un
código de reglas abstractas, sino la capacidad de
integrarse en una narrativa coherente —personal y comunitaria— que define tanto las metas
de la vida buena como los medios virtuosos para
alcanzarlas.

Necesidad. La necesidad en un marco teleológico, compatible con los planteamientos del
filósofo Alasdair MacIntyre, es aquello que se
exige para realizar un fin intrínseco a una práctica moral o a la vida buena como totalidad vital.
No se trata de una carencia arbitraria, sino de
requerimientos objetivos derivados de la naturaleza de un proyecto virtuoso: por ejemplo, para
practicar la medicina (*práctica* en sentido utilizado por MacIntyre) es «necesario» adquirir cono-
cimientos, habilidades y relaciones de confianza.
En la narración de la propia vida, las «necesidades» configuran los hitos que permiten avanzar

hacia la meta última (*eudaimonía*). Así, lo necesario emerge como condición constitutiva de cada tradición y práctica, y su satisfacción orienta éticamente la acción hacia bienes internos y al bien común. Se presenta como contraste frente a la contingencia, especialmente de la *contingencia biológica*, como aquello que siempre permanece en la vida, o que no cambia. En este sentido puede entenderse como la meta última indicada, la *eudaimonía*, que es aquello que todos los seres racionales pretenden alcanzar.

Orden dominante. El *orden dominante* en Alasdair MacIntyre es la configuración social y moral imperante en la modernidad, caracterizada por: (a) un emotivismo institucional, en el que las normas se reducen a expresiones de preferencias individuales, sin anclaje teleológico —de fines— ni tradición compartida; (b) una burocracia y tecnocracia, en las que la autoridad emana de procedimientos administrativos y de expertos, no de la práctica virtuosa ni de fines comunes; (c) la actuación del mercado como árbitro de la vida en común, donde las relaciones sociales se regulan por criterios de eficiencia y de ventaja competitiva, más que por la búsqueda del bien humano. Este *orden dominante* desplaza las narrativas teleológicas y las prácticas morales tradicionales, fragmenta la identidad ética y socava la formación de virtudes, al sustituir el propósito comunitario por el cálculo utilitario y la autonomía desvinculada de la tradición.

Práctica. La *práctica*, en el sentido utilizado por el filósofo Alasdair MacIntyre, es una forma organizada de actividad humana cooperativa que cumple las siguientes condiciones: (a) posee unos bienes internos a la práctica que produce unos logros reconocidos sólo por quienes participan en dicha práctica (por ejemplo, la excelencia en la música, en la medicina o en un determinado juego); (b) plantea unos estándares de excelencia, ya que posee criterios propios que permiten evaluar y perfeccionar habilidades; (c) desarrolla virtudes necesarias, donde se vuelve natural la exigencia y cultivo de disposiciones morales (honestidad, paciencia, valentía) para acceder a sus bienes internos; y, (d) se forma en una tradición y en una comunidad, dentro de historias compartidas que transmiten saberes, prácticas y narrativas teleológicas. Así, las prácticas no son meros medios para fines externos (dinero, prestigio), sino el espacio donde florece la vida virtuosa y se construye el sentido ético de la existencia.

Segunda naturaleza. La *segunda naturaleza* en el sentido pleno en que lo usa Aristóteles designa el conjunto de disposiciones y hábitos adquiridos mediante la práctica repetida de acciones virtuosas, de modo que llegan a integrarse en nuestro carácter con la misma facilidad y firmeza que las facultades biológicas (*primera naturaleza*). Aunque nacemos con potencialidades —como la sensación y el movimiento— dependientes de la formación de nuestro cuerpo, la virtud se logra cuando esas potencialidades se ahorman por la razón a través de la costumbre. Así, la *segunda naturaleza*, desde esta perspectiva de plenitud, permite que obremos virtuosamente de manera espontánea y estable, pues alcanzar el bien se ha convertido en parte de nuestro propio ser. Este concepto explica cómo la educación moral no añade algo externo, sino que transforma nuestra naturaleza original para el florecimiento ético.

Tradición. La tradición en Alasdair MacIntyre es una comunidad históricamente prolongada en la búsqueda racional de respuestas a preguntas últimas sobre el bien humano. No es un legado estanco, sino un «argumento en curso» que integra: (a) prácticas y narrativas como conjuntos de prácticas virtuosas, y relatos compartidos que confieren sentido a la acción; (b) bienes internos a esas prácticas, y criterios de excelencia, imbuidos en valores y estándares propios que se transmiten y perfeccionan a través de las distintas generaciones; (c) continuidad crítica, que desarrolla un debate vivo sobre las teorías y prácticas morales, donde cada generación reinterpreta y enriquece la herencia recibida; (d) una racionalidad situada en la vida, que expresa razonamientos partiendo de contextos históricos y sociales específicos, pero dialogan con otras tradiciones en un ejercicio de autotransformación. De este modo, las tradiciones configuran la identidad ética de sus miembros y sostienen la posibilidad de vidas virtuosas.

Virtud. La virtud, en Aristóteles y en Alasdair MacIntyre, es una disposición adquirida que perfecciona al agente moral para alcanzar los fines propios de la vida buena. Para el Estagirita, la virtud es un hábito racional que, elegido deliberadamente, sitúa nuestras pasiones y acciones en el justo medio respecto a nosotros, promoviendo la vida buena y feliz (*eudaimonía*). MacIntyre retoma esta idea y la enmarca en su teoría sobre las «prácticas»: las virtudes serían cualidades estables (honestidad, valentía, generosidad) que permiten al individuo perseguir los bienes internos de una práctica social especializada (arte, medicina, deporte) y a contribuir al bien común de su comunidad moral. Así, la virtud integra razón, carácter y tradición para orientar la acción hacia la excelencia y la reciprocidad.

Vulnerabilidad. La vulnerabilidad es la condición ontológica de nuestro ser corporal expuesto al daño, a la necesidad y a la dependencia, propia de todo ser humano finito. No es un defecto meramente individual, sino el punto de partida ético que revela nuestra relación con los demás. Así, por ejemplo, al reconocer que quedamos expuestos a la enfermedad, el envejecimiento o la muerte, surge la práctica del cuidado y la *justa generosidad*. Esta fragilidad funda la reciprocidad moral (interdependencia) y la cohesión de las comunidades: solo en la trama de relaciones de apoyo mutuo y amistad puede florecer la vida virtuosa de los individuos. La vulnerabilidad, por tanto, no niega la autonomía, sino que la sitúa en un contexto narrativo de fines (teleológico) que compartimos con otros.

8

Bibliografía

AMBROSIO DE MILÁN, *Patrologia Latina*: *vol. 14. Exameron Libri Sex,* J.-P. Migne (ed.), Paris: Excudebat Sirou, 1882.

ARISTÓTELES, *Política*, Madrid: Centro de Estudios Constitucionales, 1970.

—, *Metafísica*, Madrid: Gredos, 1994.

—, *Ética a Nicómaco*, Madrid: Gredos, 2010.

—, *Acerca del alma*, Madrid: Gredos, 2014.

BARRIO MAESTRE, J. M., *El Dios de los filósofos: curso elemental de filosofía*, Madrid: Rialp, 2013.

BELLO RODRÍGUEZ, J. H., GIMÉNEZ AMAYA, J. M., *Valoración ética de la modernidad según Alasdair MacIntyre*, Pamplona: EUNSA, 2018.

—, «Alasdair MacIntyre», en *Philosophica: enciclopedia filosófica on line*, F. Fernández Labastida y J. A. Mercado (eds.), 2022. URL:

https://www.philosophica.info/voces/macin-tyre/MacIntyre.html.

BRAGUE, R., *A cada uno según sus necesidades: pequeño tratado de economía divina*, Madrid: Ediciones Encuentro, 2024.

CRUZ, J., *Dar y agradecer: el eje interpersonal de la intimidad*, Pamplona: JC, 2015.

CONFERENCIA EPISCOPAL ESPAÑOLA. «Un Dios de vivos: instrucción pastoral sobre la fe en la resurrección, la esperanza cristiana ante la muerte y la celebración de las exequias», 2020. URL: https://www.conferenciaepisco-pal.es/un-dios-de-vivos/.

CURZER, H. «A great philosopher's not so great account of great virtue: Aristotle's treatment of 'greatness soul'», *Canadian Journal of Philosophy*, 20 (1990), pp. 517–537.

—, «Aristotle's much maligned *megalopsychos*», *Australasian Journal of Philosophy*, 69 (1991), pp. 131–151.

ENRIQUEZ GÓMEZ, M. T., MONTOYA CAMACHO, J. M., «Imperio y causalidad en Tomás de Aquino», *Scientia et Fides*, 9 (2021), pp. 329–355.

FUCHS, T., «Why does mental illness exist?: reflections on human vulnerability», en *The vulnerability of the human world: well-being,* health, technology and environment, N. Boublil y J. Ferrarelo (eds.), Cham: Springer, 2023, pp. 57–71.

GIMÉNEZ AMAYA, J. M., *La universidad en el proyecto sapiencial de Alasdair MacIntyre*, Pamplona: EUNSA, 2020.

GIMÉNEZ AMAYA, J. M., LOMBO, J. A., «Dependencia y vulnerabilidad en la ética de Alasdair MacIntyre», en *Cuarenta años de After Virtue de Alasdair MacIntyre: relecturas iberoamericanas*, F. J. de la Torre, M. Loria y L. Nontol (eds.), Madrid: Dykinson, 2022, pp. 105–114.

GIMÉNEZ AMAYA, J. M., SÁNCHEZ-MIGALLÓN, S., *Diagnóstico de la universidad en Alasdair MacIntyre: génesis y desarrollo de un proyecto antropológico*, Pamplona: EUNSA, 2011.

GIMÉNEZ AMAYA, J. M., MONTOYA CAMACHO, J. M., VILLANUEVA CRUZ, E. (eds.), *Alasdair MacIntyre y la modernidad*, Pamplona: EUNSA, 2026.

GINER LLADÓS, M., ARMENGOU ORÚS E., «Anorexia nerviosa: distopía del siglo XXI», en *Frágiles: desafíos en la salud mental y social*, J. Cabanyes (ed.), Madrid: Rialp, 2022, pp. 397–405.

GONZÁLEZ, A. M., *La articulación ética de la vida social*, Granada: Comares, 2016.

González Pérez, J., *Una biografía intelectual de Alasdair MacIntyre*, Cuadernos de Empresa y Humanismo, núm. 97, Pamplona: Instituto de Empresa y Humanismo, Universidad de Navarra, 2006.

Horkheimer, M. *Crítica de la razón instrumental*, Buenos Aires: Editorial SUR, 1969.

Irwin, T. H., «Algunas consideraciones sobre la concepción aristotélica de la magnanimidad», *Areté*, 11 (1999), pp. 195–217.

Jaspers, K., *Psicología de las concepciones del mundo*, Madrid: Gredos, 1967.

Kristjánsson, K., «Liberating moral traditions: saga morality and Aristotles's *megalopsychia*», *Ethical Theory and Moral Practice*, 1 (1998), pp. 397–422.

— «Pridefulness», *The Journal of Value Inquiry*, 35 (2001), pp. 165–178.

— «An Aristotelian virtue of gratitude», *Topoi*, 34 (2015), pp. 499–511.

Llano, A., «El ser coincidental en la ética de Aristóteles», *Tópicos*, 30 (2006), pp. 55–80.

Lombo, J. Á., Giménez Amaya, J. M., *La unidad de la persona: aproximación interdisciplinar desde la filosofía y la neurociencia*, Pamplona: EUNSA, 2013.

—, *Biología y racionalidad*, Pamplona: EUNSA, 2016.

—, *Antropología de la acción: la vida humana como unidad dinámica*, Pamplona: EUNSA, 2024.

MacIntyre, A., *After Virtue: a study of moral theory*, Notre Dame, Indiana: University of Notre Dame Press, 1981.

—, *Tras la virtud*, Barcelona: Crítica, 1987.

—, *Whose justice? Which rationality?*, Notre Dame, Indiana: University of Notre Dame Press, 1988.

—, *Three rival versions of moral enquiry: Encyclopaedia, Genealogy and Tradition: being Gifford lectures delivered in the University of Edinburgh in 1988*, Notre Dame, Indiana: University of Notre Dame Press, 1990.

—, *Justicia y racionalidad: conceptos y contextos*, Barcelona: Ediciones Internacionales Universitarias S.A., 1994.

—, *Dependent rational animals: why human being need the virtues*, London: Duckworth, 1999.

—, *Animales racionales y dependientes: por qué los seres humanos necesitamos las virtudes*, Barcelona: Paidós, 2001.

—, *After Virtue: a study of moral theory*, Notre Dame, Indiana: University of Notre Dame Press, 2007.

—, «Intractable Moral Disagreements», en *Intractable Disputes about the Natural Law: Alasdair MacIntyre and Critics*, L. S. Cunningham (ed.), Notre Dame, Indiana: University of Notre Dame Press, 2009, pp. 1–52.

—, *Tras la virtud*, Barcelona: Austral, 2013.

—, *Ethics in the conflicts of modernity: an essay on desire, practical reasoning, and narrative*, Cambridge: Cambridge University Press, 2016.

—, *Ética en los conflictos de la modernidad*, Madrid: Rialp, 2017.

MADIGAN, A., *S. J.*, «Alasdair MacIntyre: reflections on a philosophical identity, suggestions for a philosophical project», en *What happened in and to moral philosophy in the twentieth century?: philosophical essays in honor of Alasdair MacIntyre*, F. O'Rourke (ed.), Notre Dame, Indiana: University of Notre Dame Press, 2013, pp. 122–144.

—, *Éticas aristotélicas contemporáneas: Alasdair MacIntyre, Martha Nussbaum, Robert Spaemann*. Presentación, traducción y notas de

José Manuel Giménez Amaya y Eloy Villanueva Cruz, Pamplona: EUNSA, 2025.

Marcos, A., «Invitación a la biología de Aristóteles», *Themantha*, 20 (1998), pp. 25–48.

—, *Postmodern Aristotle*, Newcastle: Cambridge
Scholars Publishing, 2012.

Marx, K., *Crítica del programa de Gotha*, Mos-
cú: Editorial Progreso, 1977.

McInerny, R., «La importancia de la Poética
para entender la Ética de Aristóteles», *Anuario filosófico*, 20 (1987), pp. 85–93.

Montoya Camacho, J. M., «Del determinismo
naturalista al teológico: bases epistemológicas
de un debate contemporáneo», en *Providen-
cia, libertad y mal: estudios en teología filosófica analítica*, A. Echevarría y R. Pereda (eds.),
Granada: Comares, 2021, pp. 121–140.

—, «Trascendentales metafísicos, teleología y
vulnerabilidad: complementariedad antropológica de dos versiones de la unidad vital de
los fines de la acción humana», *Conocimiento
y acción*, 3320 (2025), pp. 1–23.

Montoya Camacho, J. M., Giménez Amaya, J.
M., «Tecnología y poder: el encubrimiento moderno de los fines naturales de la *tekné*», *Cuadernos de pensamiento*, 35 (2022), pp. 71–104.

—, «El deseo contemporáneo de una salvación tecnificada», *Razón y fe*, 287 (2023), pp. 69–94.

—, *Corporalidad, tecnología y deseo de salvación: apuntes para una antropología de la vulnerabilidad*, Madrid: Dykinson, 2024.

—, «La virtud de la "justa generosidad" y su relación con el bien común según Alasdair MacIntyre», en *La política del bien común en MacIntyre*, J. de la Torre, M. Loria y L. Nontol (eds.), Madrid: Dykinson, 2025a, pp. 139–154.

—, *Encubrimiento y verdad: algunos rasgos diagnósticos de la sociedad actual* (2.ª edición), Pamplona: EUNSA, 2025b.

MURILLO, J. I., *El valor revelador de la muerte: estudio desde Tomás de Aquino.* Pamplona: EUNSA, 2024.

NICHOLS, M. P., *Aristotle's discovery of the human: piety and politics in the «Nicomachean Ethics»*, Notre Dame, Indiana: University of Notre Dame, 2023.

NUSSBAUM, M., *La fragilidad del bien: fortuna y ética en la tragedia y la filosofía griega*, Málaga: La balsa de Medusa, 2015.

OAKES, E. T., «The achievement of Alasdair MacIntyre», *First Things*, 65 (1996), pp. 22–26.

OCÁRIZ, F., *El marxismo: teoría y práctica de una revolución*, Madrid: Palabra, 1980.

O'CALLAGHAN, P., *La muerte y la esperanza*. Madrid: Palabra, 2004.

OSSANDÓN, J. C., *Felicidad y política: el fin último de la polis en la filosofía de Aristóteles*. Cuadernos de Anuario filosófico, núm. 125, Pamplona: Servicio de Publicaciones de la Universidad de Navarra, 2001.

PAKALUK, M., «The meaning of Aristotelian magnanimity», en *Oxford studies in ancient philosophy, vol. XXVI*, D. Sedley (ed.), Oxford: Oxford University Press, 2004, pp. 241–275.

PEARSON, T. D., «Interview with Professor Alasdair MacIntyre», *Kinesis*, 23 (1996), pp. 40–50.

PIEPER, J., *Las virtudes fundamentales*, Madrid: Rialp, 2010.

PLATÓN, *Apología de Sócrates*, Santiago de Chile: Editorial Universitaria, 1997.

—, *Diálogos: Fedón, Fedro, Banquete*, Barcelona: Penguin Random House, 2019.

RIVAS, P. «MacIntyre, las virtudes y el bien común», en *Cuarenta años de After Virtue de Alasdair MacIntyre: relecturas iberoamericanas*, F. J. de la Torre, M. Loria y L. Nontol (eds.), Madrid: Dykinson, 2022, pp. 115–125.

Rodríguez Duplá, L., «Alasdair MacIntyre: tres versiones rivales de la ética», *Cuadernos salmantinos de filosofía*, 20 (1993), pp. 330–331.

—, *Ética*, Madrid: BAC, 2001.

Spaemann, R., Löw, R., *Natürliche Ziele: Geschichte und Wiederentdeckung des teleologischen Denkens*, Stuttgart: Klett-Cotta, 2005.

Torre, J. de la, «Dependencia y vulnerabilidad en la filosofía moral de Alasdair MacIntyre», *Revista iberoamericana de bioética*, 5 (2017), pp. 1–18.

—, «Vulnerability: the human death of a principle of bioethics», *Revista iberoamericana de bioética*, 21 (2023), pp. 1–13.

Tomás de Aquino, *Summa Theologiae*, Torino: Marietti, 1972.

—, *Commentary on the Metaphysics of Aristotle (Vol. II: Book Zeta)*, J. P. Rowan (trad.), R. McInerny (pref.), Notre Dame, Indiana: Dumb Ox Books, 1995.

—, *Comentario a la Política de Aristóteles*. Cuadernos de Anuario filosófico, núm. 33, Pamplona: Servicio de Publicaciones de la Universidad de Navarra, 1996.

—, *Comentario a la Ética a Nicómaco de Aristóteles*, EUNSA: Pamplona, 2010.

VICENTE, J., «Sobre la muerte y el morir», *Scripta Theologica*, 22 (1990), pp. 113–143.

YEPES STORK, R., «Después de *Tras la virtud*: entrevista con Alasdair MacIntyre», *Atlántida*, 4 (1990), pp. 87–95 (traducción de José Luis del Barco).

ZAGAL, H., *Amistad y felicidad en Aristóteles*. México: Ariel, 2014.

9

Agradecimientos

Nuestro primer agradecimiento es para la profesora Leire Arbea por el prólogo que ha hecho a nuestro trabajo. Agradecemos también a la editorial EUNSA, en la persona de su director Javier Balibrea, la iniciativa para la publicación de este texto. Y, finalmente, agradecemos a Elena Camacho y Ana Gil de Pareja toda su cuidadosa asistencia editorial.

Cuando estábamos terminando de escribir estas páginas recibimos la triste noticia del fallecimiento en Estados Unidos del profesor Alasdair MacIntyre, el 21 de mayo de 2025. Este filósofo moral británico ha sido un referente fundamental para nosotros en la exposición contenida en este libro. Como queda constancia al principio de este escrito, se lo hemos dedicado a él, pero en este momento queremos agradecer también su fecundo magisterio.